本著作受以下项目资助：

1.山西省高校哲学社会科学研究一般项目"乡村振兴战略下五台山风景区农户旅游参与模式及生态效益研究"（201803096）

2.山西省高等学校服务产业创新学科群建设计划项目"五台山生态与文化旅游学科群"（晋教研函〔2018〕14号）

3.山西省科技厅软科学项目"五台山景区管理与服务困境、影响因素及提升对策"（2018041022-4）

4.忻州科技计划项目"五台山景区农户旅游参与模式及生态效益研究"（20180106）

5.忻州科技计划项目"忻州市黄河、太行和长城遗产廊道旅游品牌基因选择研究"（20190704-1）

6.忻州师范学院专题研究项目"五台山风景区旅游风险评估与安全管理"（ZT201502）

7.忻州师范学院科研基金资助项目"五台山风景区管理与服务困境、影响因素及提升对策"（201703）

8.忻州师范学院教学改革创新研究项目"文旅融合背景下《五台山地区乡土文化和乡村旅游》教材开发与建设"（JGZD202006）

9.忻州师范学院学术带头人资助计划

10.忻州师范学院五台山文化研究协同创新中心资助计划

| 光明社科文库 |

五台山风景区
旅游发展与管理研究

赵鹏宇　崔　嫱　刘丽芳◎ 著

光明日报出版社

图书在版编目（CIP）数据

五台山风景区旅游发展与管理研究 / 赵鹏宇，崔嫱，
刘丽芳著 . --北京：光明日报出版社，2020.4
ISBN 978-7-5194-5686-3

Ⅰ.①五… Ⅱ.①赵…②崔…③刘… Ⅲ.①五台山
—风景区—旅游业发展—研究 Ⅳ.①F592.725.3

中国版本图书馆 CIP 数据核字（2020）第 052392 号

五台山风景区旅游发展与管理研究

WUTAISHAN FENGJINGQU LYUYOU FAZHAN YU GUANLI YANJIU

著　　者：赵鹏宇　崔　嫱　刘丽芳

责任编辑：郭思齐　　　　　　　责任校对：姚　红

封面设计：中联学林　　　　　　责任印制：曹　净

出版发行：光明日报出版社

地　　址：北京市西城区永安路 106 号，100050

电　　话：010 - 63139890（咨询），010 - 63131930（邮购）

传　　真：010 - 63131930

网　　址：http：//book. gmw. cn

E - mail：guosiqi@ gmw. cn

法律顾问：北京德恒律师事务所龚柳方律师

印　　刷：三河市华东印刷有限公司

装　　订：三河市华东印刷有限公司

本书如有破损、缺页、装订错误，请与本社联系调换，电话：010 - 63131930

开　　本：170mm × 240mm

字　　数：260 千字　　　　　　印　　张：15. 5

版　　次：2020 年 4 月第 1 版　　印　　次：2020 年 4 月第 1 次印刷

书　　号：ISBN 978 - 7 - 5194 - 5686 - 3

定　　价：95. 00 元

前　言

习近平总书记指出，旅游是综合性产业，是发展经济、增进就业的有效手段，也是提高人民生活水平的重要产业。总书记强调，旅游业是新兴产业，方兴未艾，要不断加强各类软硬件建设，推动旅游业大发展。要抓住乡村旅游兴起的时机，把资源变资产，实践好绿水青山就是金山银山的理念。这些论述，深刻分析了旅游业的特性。

五台山，是世界五大佛教圣地之一，居中国佛教四大名山之首，丰富多样的生态资源和源远流长的文化遗存，让五台山成为驰名中外的佛教名山、文化名山、古建名山、生态名山、避暑名山、爱国名山，先后荣膺首批国家级风景名胜区、国家森林公园、国家地质公园、国家5A级旅游景区、世界文化景观遗产。这些为五台山旅游发展提供了基础条件。

多年来五台山风景名胜区积极对接国家重大战略，持续推进旅游公共服务建设，不断提升服务质量，努力增加产品供给，提高品质，加强旅游市场培育监管，营造良好环境，文化和旅游的融合发展成效初显，景区旅游产业取得长足发展。但旅游发展的不平衡不充分依然存在，主要表现为：一是资源优势与产业不足的不平衡不充分，二是旅游综合发育程度不充分，三是旅游产品供给与服务质量整体不充分，为此总结五台山风景区旅游发展成效，了解发展态势，有效服务科学决策，具有重要的现实意义。

本书在梳理五台山风景名胜区旅游发展和管理历程的基础上，结合遗产型、佛教型和山岳型景区横向维度比较分析了五台山景区旅游经济发展水平。同时，探讨了新媒体下五台山旅游需求关注时空特征，结合旅游产品升级，分析了旅游新业态发展路径。对五台山乡村旅游和农民增收问题进行了探讨，提出了对策建议。围绕景区安全管理主题探讨了旅游风险源、最大承载力、游客拥挤、消费欺诈等。最后，针对五台山景区施政目标，提出考核体系改革建议。本书可为旅游景区管理、旅游产业升级提供借鉴。

本书主要由忻州师范学院五台山文化研究中心赵鹏宇副教授和旅游管理系崔嫱、刘丽芳合作完成。由赵鹏宇负责总体研究设计，并完成第三章、第四章和第五章，共12.5万字；崔嫱完成第一章、第二章、第六章部分和第七章，共12.5万字；刘丽芳完成第六章部分共1万字。本书在整理和编写过程中，得到了忻州市文化和旅游局赵永功同志的大力支持，同时忻州师范学院五台山文化研究中心赵新平、郑庆荣，旅游管理系冯文勇、孟洁，经济管理系周喜君，美术系任元卿等老师给予多方支持。忻州师范学院旅游管理系方申申、杨箫箫、李情、沙立楠、白洁、常咪、梁楠丽、田婉婷、孙倩倩、罗湘萍、王静等同学参与了部分文字整理与插图绘制工作，在此一并表示感谢。

囿于学术水平，书中缺点及错误之处，望广大读者批评指正，以使本书不断丰富和完善。

赵鹏宇

2019 年 10 月忻州师范学院崇学楼

目　录
CONTENTS

第一章

五台山风景区旅游发展背景

我国旅游业发展道路有着鲜明的政治经济学色彩。改革开放 40 余年来，中国旅游业围绕着经济腾飞、社会发展和文化繁荣等重大命题，在改革开放不同阶段创造了不同的成就，走出了改革开放以来我国经济社会发展的一条重要道路。具体说来，大致可以分为如下四个阶段。

（一）1978—1984 年：从外事接待向经济建设的使命转变

这一阶段，我国旅游业着力"扩大对外政治影响"和"为国家吸取自由外汇"，在促进对外开放、配合外交工作中发挥了特殊作用，形成了以入境接待为特色的旅游事业发展格局。1978 年中国入境旅游收入和人次在国际上的排名都很靠后，到 20 世纪 80 年代初期入境旅游人次进入了世界前 20 强，到 80 年代中后期入境旅游人次首次突破了1000 万。不过，该时期我国旅游业较为零散，尚未形成较为清晰的产业体系。

（二）1984—1992 年：从事业管理向市场经济的职能转变

在这一阶段，中国旅游业实现了"旅游是经济产业"的观念突破。随着市场机制在我国经济生活中地位的提升，旅游业于 1986 年被纳入国家"七五"计划。旅游业以一种独立的产业形态脱颖而出，在短时期内积累了进一步发展所必需的产业规模，奠定了我国旅游业发展的坚实基础。

（三）1992—2009 年：从产品旅游向旅游产业的理念转变

在邓小平"南方谈话"和十四大精神鼓舞下，我国旅游业产业经济的特征日渐明显，初步形成了国内旅游、入境旅游、出境旅游三大市场，出现了一批具有相当竞争力的旅游企业。随着促进行业健康发展的政策措施以及加强行业管理的法令法规不断出台，我国旅游业市场经济的框架体系大致形成，旅游政府主管部门逐步建立了一套适合转型期中国国情的管理体制。旅游业成为各产业中市场经济发育较为成熟的产业之一，实现了从初期旅游产品的开发到全面提升管理水平的转变，旅游业的功能也由经济功能为主向经济、社会功能并重发展。

（四）2009—2018 年：从经济产业向民生服务的主题转变

这一时期，旅游业逐渐实现了向民生服务功能的转变。国务院 41 号文〔2009〕、31 号文〔2014〕关于旅游业发展定位的演变，为正确认识旅游业的经济社会功能以及旅游业转型升级指明了方向。尤其是在进入新常态的新时代，供给侧改革推动了新一轮旅游业发展。旅游业在旅游者多样化、个性化的潜在需求和现实旅游需求中不断汲取升级动力，自驾游、自助游、房车营地等政策纷纷出台，在满足个性化旅游需求的过程中规范着旅游市场走向。

五台山风景名胜区地处山西省忻州市，是世界五大佛教圣地之一，居中国佛教四大名山之首，其丰富多样的生态资源和源远流长的文化遗存，让五台山成为驰名中外的佛教名山、文化名山、古建名山、生态名山、避暑名山、爱国名山，先后荣膺首批国家级风景名胜区、国家森林公园、国家地质公园、国家 5A 级旅游景区、世界文化景观遗产，并成为国内佛教型、遗产型、山岳型旅游景区的典型代表。2017年五台游客的接待人数达到了 568.6 万，门票收入 3.26 亿元，旅游收入达到了 72.23 亿元。

五台山风景区旅游发展离不开国内旅游发展的大背景，与忻州市旅游产业发展密切相关。以下在回顾忻州旅游产业发展历程基础上，探讨五台山旅游发展与管理的演变过程。

第一节　忻州市旅游资源和产业发展历程

忻州古称"秀容"，是有名的"晋北锁钥""摔跤之乡"。新石器时代，就有人类开始在这里活动，至今已有近 18000 年的历史，历来为兵家必争之地。境内因有五台山、雁门关等世界级的旅游资源，成为20 世纪 70 年代以来对外开放的窗口，旅游业也因此得到发展。21 世纪以来，旅游业逐步走上快车道，在稳增长、调结构、促就业、增收入等方面发挥了极其重要的作用，已成为全市第三产业的龙头和新的经济增长极。

一、上天垂青，资源得天独厚

忻州市拥有丰富的旅游资源，是一个集佛教古建、自然生态、长城边塞、黄河风情、温泉度假为一体的旅游资源大市。境内，恒山、五台山、管涔山、云中山、系舟山比肩起伏；黄河、汾河、滹沱河、桑干河、云中河流注四方。在这表里山河之间，佛国五台磅礴五百里，势压两千年，百余座佛刹打造出东亚最古老庞大的寺庙集群和最盛名远播的佛家道场。"三边冲要无双地，九塞尊崇第一关"，雁门关、偏头关、宁武关、平型关和杨家将的故事名扬四海。四大温泉冠甲华夏，挠羊比赛声闻四方。芦芽山犹如黄土高原的绿色明珠，青翠灵秀。河曲的民歌和走西口的故事更让人流连忘返……忻州是山西省唯一兼具黄河、长城、太行三大资源的地级市，是全省黄河、长城、太行三大旅游板块建设的最大主战场。

第一，黄河晋陕大峡谷最美的河在忻州。晋陕大峡谷忻州段正好处于峡谷龙头的位置，是全峡四大精华河段之一（其余为碛口段、壶口段、禹门口段），是晋陕大峡谷最险峻美丽的部分，被誉为"北国三峡"。

第二，山西长城的主体和最有影响力的四大名关在忻州。忻州是全省长城资源最丰富的市。14 个县（市、区）中除定襄外的 13 个都有长城或长城遗址；长城上名震中外的雁门关、宁武关、偏头关、平型关都在忻州。忻州长城的修筑历史纵贯战国、秦、汉、北魏、东魏、北齐、北周、隋、宋、明十个朝代；现存较完好的有明长城 248 公里、早期长城 230 公里，共计 478 公里。忻州的长城资源拥有四项"第一"、七项"唯一"、八项"之最"。

第三，太行山的龙头、华北屋脊五台山在忻州。太行山纵贯忻州的繁峙、代县、五台、定襄、原平、忻府区"东六县"。其中五台山北台顶海拔 3061 米，号称"华北屋脊"，居于太行山这条"巨龙"的龙头位置。

第四，以世界遗产五台山为代表的一大批国宝级文物旅游资源在忻州。全市有五台山、长城忻州段两处世界遗产，以及国家级风景名胜区 1 处、国家级自然保护区 1 处、全国历史文化名城 1 处、国家地质公园 2 处、国家水利风景区 4 处、国家森林公园 4 处、国家非物质文化遗产 15 个、全国重点文物保护单位 24 处、重点人文资源 14 处、景区

（点）近 200 处。可谓历史文化大观、自然风光奇观。

第五，忻州保留了从唐代到民国完整的古建筑遗存链条，是一部活化的中国古建筑史和门类齐全的中国古建筑博物馆。忻州元代以前木结构古建筑占全国总数的 40% 以上，全国四处唐代木构建筑有两处在忻州，全国仅存五处五代木构建筑也有两处在此，这里保留了唐代至民国历代比较完整的古建筑群。

第六，忻州拥有北方罕见奇缺的养生圣境。忻州地处北纬 38° 附近，海拔多在 1000 至 2000 米，气候最为凉爽宜人；有避暑胜地五台山，华北最大的森林浴场芦芽山，北至恒山、南至系舟山的温泉带和号称"杂粮王国"的杂粮养生旅游区。

第七，忻州拥有全省独一无二的红色文化遗存。革命战争时期，忻州是晋察冀、晋绥两大根据地的中心腹地，著名的平型关大捷、雁门关伏击战、火烧阳明堡日军机场、忻口战役就发生在这里，堪称"抗战圣地"。

第八，忻州又是一块多元文化并存的神奇土地。五台山是世界文殊信仰中心；500 多年前，称雄商界的晋商使忻州成为中国对外贸易的三大古商道——丝绸之路、晋商驼道、茶马古道上的商旅重地；古往今来，草原文明和中原文明的碰撞交融，使得忻州成为战火硝烟熄灭后民族融合的首善之地；忻州走出了慧远、元好问、徐向前等不少在中华民族历史上颇有影响的人物，他们如同璀璨群星，构成了忻州历史天空中那永恒的星座。

二、星星之火，渐成燎原之势

忻州市因为有着丰富多样的高品位旅游资源，因此成为山西省旅游产业率先发展的地区之一。

"五五"时期（1976—1980年）：在1978年改革开放以后，全国旅游业转换机制，发展产业型旅游业。1979年忻县地区成立外事办公室，主要负责外事接待工作，全市入境旅游人群有较大提高，旅游产业开始起步。1980年外事办内设旅游事业管理处，入境旅游继续发展，国内旅游有较大发展。

"六五"时期（1981—1985年）：1984年中央提出国家、地方、部门、集体、个人一齐上、自力更生与利用外资相结合的旅游建设方针，揭开了全方位发展旅游产业的序幕。1985年忻州地区外事旅游局成立，是山西省较早成立的外事旅游局，同时忻州中国旅行社、五台山中国国际旅行社成立，奠定了忻州市旅游业在山西省率先发展的基础。

"七五"时期（1986—1990年）：1986年国务院决定将旅游业纳入国民经济与社会发展计划，正式确立其国民经济地位。忻州旅游业亦得到较大发展。

"八五"时期（1991—1995年）：1992年中央明确提出旅游业是第三产业中的重点产业，之后旅游业被列为第三产业，成为积极发展新兴产业序列的第一位。政策的支持促进了忻州市旅游业的发展，入境旅游有较大发展，国内旅游迅猛崛起。在国家、省、市各级政府的关注和扶持下，五台山成为第一批国家级风景名胜区，硬化了公路，完善了设施，建立了友谊宾馆、砂河宾馆、栖贤阁宾馆、云峰宾馆等全市第一批涉外星级饭店，确立了其山西省旅游龙头景区的地位。1992年忻府区禹王洞旅游区开发，1993年对外开放，一度成为周边省市游客蜂拥而至的热点景区。

"九五"时期（1996—2000年）：忻州市把旅游业作为重点扶持的优势产业之一予以发展。通过整合资源优势，实施"精品战略"，忻州成为山西省三大旅游产品中晋北宗教古建文化的重要组成部分，五台山和芦芽山在山西省重点发展的十大景区中占据了两个席位，旅游产业规模不断发展壮大，产业体系逐步得到完善，产业水平大幅度提高，旅游业在国民经济中的地位和作用日益增强。1997年禹王洞景区发生旅游车辆坠谷事故，其中暴露出的交通瓶颈和管理问题，使景区的经营逐渐陷入困境。

"十五"时期（2001—2005年）：旅游产业地位得到进一步加强。2001年以来，忻州市委、市政府高度重视旅游业的发展，把旅游产业作为全市经济结构调整的一大主攻方向，确立了把忻州建成文化旅游开放型城市的战略构想。2003年市委一届六次全会和全市经济工作会议提出了"开发山水关特色旅游，壮大三产"的发展战略，把旅游业作为三大调产主旋律和三大支柱产业之一来抓，同年3月忻州市政府成立了"忻州市旅游产业发展领导组"，突出"机制创新、资源整合、设施配套、整体促销"四大重点，推进全市旅游业健康快速发展。2001年全市接待国内游客340万人次，接待海外游客2.25万人次，创汇591万美元，实现旅游收入5.1亿元；到2005年全市全年接待国内游客620万人次，接待海外游客4.62万人次，创汇1389.1万美元，实现旅游收入20.09亿元。旅游业已经成为忻州市第三产业的龙头和市域经济新的增长点。旅游企业得到了进一步发展壮大。全市旅行社在2001年前只有16家，到2005年时已发展到38家；旅游星级饭店在2001年时只有22家，到2005年时已发展到27家。强势推出了"忻州山水关，京津后花园"旅游形象促销口号；"五台山佛教文化节"和"中国忻州摔跤节"形成节庆促销品牌；编制出版了《忻州山水关旅游指南》等系列旅游促销宣传资料；创办了忻州旅游网站和《忻州日报文化旅游周刊》。

"十一五"时期（2006—2010年）：旅游规划的主导地位开始确

立，旅游产业进入科学发展轨道。全市旅游产业围绕"山水关城"发展战略，确立了建设文化旅游城市的目标，推出了新的旅游城市名片——"五台圣境，五福忻州"。延续了50多年的国民经济和社会发展"计划"自从2005年首次变成"规划"后，全市掀起了大搞旅游规划热潮。聘请魏小安、石培华等全国一流专家组建了规划专家组，先后编制完成了忻州市、定襄县、代县、偏关县、芦芽山、大营温泉度假村旅游规划。在五台山成功申报了全国首批5A级景区后，在山西省政府的直接领导下，忻州市委、市政府成立了申遗办公室，统筹领导各部门争分夺秒拆迁复原、配套建设，于2009年成功申报世界文化景观遗产。五台山风景区旅游服务基地和五台山三个入山口电子售票系统建成；芦芽山风景区综合开发项目成功招商香港巨遨国际投资开发集团有限公司开发建设；雁门关从2009年开始修复工程；代县白人岩景区和偏关老牛湾景区初步建成；忻州至宁武分水岭旅游公路于2006年10月25日正式开通；忻府区陀螺山风景区新修了2.5公里进山道路；五台山嘉鑫酒店、原平大营温泉饮用矿泉水厂、五台县驼梁自然风景区综合开发项目陆续开工建设。出版发行了《亚洲旅游五福忻州专辑》《五福忻州旅游手册》和《五福忻州导游词精编》，推出了五条五福忻州精品线路。先后成功申报了五项全国工农业旅游示范点。全市旅行社发展到60家，旅游星级饭店发展到36家。

三、飞速发展，崛起势不可当

"十二五"期间，忻州把旅游业确立为八大支柱产业之一，提出"建设富裕文明、开放和谐、充满活力的新型工业旅游城市"的战略目标。2013年出台了《关于加强旅游景区建设管理的意见》（忻政发〔2013〕10号）、《关于加强改进旅游景区管理服务的通知》（忻政办发

〔2013〕137 号），全市旅游产业发展步入了快车道。2011 年全市接待游客 1220 万人次，实现旅游总收入 127.94 亿元；2015 年全市接待游客 2896 万人次，实现旅游总收入 285 亿元。通过五年的努力，全市旅游接待人次和旅游总收入均实现翻番，远远超过"十二五"规划确定的 1830 万人次和 215 亿元的目标。

以五台山佛教文化旅游区、芦芽山自然生态旅游区、温泉休闲度假旅游区、雁门关边塞文化旅游区、黄河文化旅游区和红色精品旅游线路为核心的"五区一线"大旅游板块格局初步形成。

（一）规划体系基本形成

全市有忻州市、定襄县、五台县、代县、繁峙县、宁武县、河曲县、偏关县、忻府区、原平市、芦芽山、雁门关、顿村温泉、大营温泉、前郝村、凤凰山生态植物园、驼梁、平型关、禹王洞、伯强、康熙枣园、五寨沟、赵杲观、南梁沟景区等 1 市 9 县 14 个景区共 24 个旅游规划通过了专家评审并付诸实施，五台山景区总体规划开始修编，形成了以市级旅游规划为统领，以五大旅游区旅游规划为支撑，以重点县（市）旅游规划为骨干的旅游规划体系。

（二）体制机制逐步理顺

坚持政府引导、市场运作、企业主体的原则，积极创优发展环境，推进景区所有权、经营权分离和旅游资源一体化管理，注重发挥市场在资源配置中的决定性作用，确立企业在景区开发中的主体地位。2015 年年末，五台山体制改革迈出实质性步伐，12 月 29 日五台山风景名胜区管委会筹委会暨临时党委正式成立，为下一步撤销五台山风景区人民政府、依法成立管委会、成立五台山文化旅游集团有限公司奠定了基础，标志着五台山风景区发展进入一个新阶段。市政府制定出台了《忻州市招商引资优惠政策》(忻政办发〔2014〕20号),进一步加大招商引资力度,引进大企业、大集团发展旅游业。代县雁门关景区引进民间资本建设雁门关,累计投资近4亿元;宁武县引进香港巨遨集团开发芦芽山景区,累计投资近5亿元;忻府区禹东旅游开发有限公司开发禹王洞景区,累计完成投资超过2亿元;五台山景区与山投集团签订了战略合作协议;定襄县与山投集团又签订了"农业＋旅游"战略合作协议;繁峙县滹源通用机场项目、静乐县农业生态旅游项目成功签约。全市旅游产业市场化、集团化迈出了实质性步伐。

(三) 基础设施明显改善

市政府紧紧围绕打造"三个旅游集散地"和"十大旅游品牌"的目标,不断加大旅游产业投入。先后实施了机场、高铁、道路、桥梁等一大批基础设施建设工程,以及五台山、芦芽山、雁门关、凤凰山、云中河、天涯山等一批重点景区开发建设和提升改造项目,成效显著。连续三个"大干城建年",新建并改建城区道路103公里、桥梁4座,不仅扩大了城市框架,而且完善了城市旅游接待功能,增强了城市的旅游承载力。2015年是全省确定的"项目提质增效年",全市着力推进代县杨家将文化产业园、静乐县汾河湿地公园和岑山景区、偏关护宁寺景区等24个省、市重点旅游项目,完成投资30亿元。实施了"厕所革命",对104座厕所进行了升级改造。通过12个县(市)和台怀、东寨、奇村、河边、砂河等8个集镇集成创建卫生城市,极大地改善了旅游基础设施和卫生环境。

(四) 景区创建大见成效

全市共有144个旅游景点,有管理部门的景点有33个,全市重点打造了五台山、芦芽山、雁门关、河边民俗馆、凤凰山、禹王洞、老牛湾、奇村、顿村、大营十大旅游品牌。全市先后共创建国家 A 级景区 12 家，其中国家 5A 级景区 1 家（五台山）、国家 4A 级景区 7 家（河边民俗博物馆、代县雁门关旅游景区、芦芽山生态旅游区、万年冰洞旅游区、汾河源头旅游区、凤凰山景区、云中河景区）、国家 3A 级以下景区 4 家（禹王洞、天涯山、天柱山、情人谷）；创建全国重点红色旅游景区 2 处（五台县晋察冀军区司令部旧址纪念馆、徐向前故居纪念馆）；创建省级休闲度假区 5 个（奇村、顿村、凤凰山、大营、芦芽山）。

（五）农旅互动融合发展

注重旅游与相关产业的协调联动、融合发展，尤其是通过农旅互动，促进了乡村旅游经济的快速增长。乡村旅游已成为改善人居环境、增加农民收入的惠民工程。已创建全国工农业旅游示范点 6 个，省级工农业旅游点 11 个，国家级旅游扶贫试点村 8 个。2015 年"又见五台山"开演期间，组织全市 60 余家农副产品和旅游纪念品生产企业，集中展销了 520 多类相关产品。定襄凤凰山景区采取"景区 + 基地 + 农户"的发展模式，带动周边 820 户农民发展高效设施农业 1850 亩，四季种植果蔬瓜菜，吸引游客田园采摘、采购，亩均收入达到 2.2 万元。全市共有 129 个乡村旅游点，农家乐和乡村客栈 2983 户（个），从业人员 1.5 万余人，人均收入超过 2 万元。

（六）宣传促销成果丰硕

2012 年以来，忻州市投入 1600 万，连续四年在央视等大型媒体进行了旅游形象宣传；重新编印了忻州旅游宣传手册，拍摄了忻州旅游宣传片；编制并推出忻州旅游精品线路；雁门关景区的《穆王巡关》、凤凰山景区的"摔跤"演艺相继上演；2014 年 9 月 19 日，五台山景区盛大推出《又见五台山》大型情境体验剧；积极请进来，主动走出去，邀请多批次外地旅行商来忻州踩线；利用各种旅交会和旅博会等平台，组织重点景区和企业先后在华北、东北、西北、东南、西南、华中27个省、市、自治区和港、澳、台开展专题促销和推介，不断巩固周边传统客源市场，努力开拓长线客源市场，成效显著。通过多措并举，全方位展示了忻州旅游形象，提升了知名度、美誉度，扩大了影响力。2014年忻州市荣获了中央电视台等五家机构联合颁发的"中国最佳生态休闲旅游示范城市"称号。

（七）市场监管成效明显

坚持联合执法，综合整治，强化了全市旅游联合执法监管领导，聘请了社会监督员30名，部门联合，上下联动，在重要时间节点对重点景区、旅行社、星级饭店及其他涉旅场所进行了常态化督查。严厉打击了尾随兜售、强买强卖、欺客宰客、价格欺诈及"黑导""黑牛""黑社""黑车"等违法行为。2012年以来，以五台山为重点，开展了规范燃香专项治理行动，彻底取缔了"烧高香"现象，规范了燃香市场。创新监管机制，与清华大学合作，制定了《忻州市旅游服务质量指数研究实施方案》，对所有A级景区和省级旅游度假区实行严格考评。按照国家旅游局部署，组织开展了"秩序""治黑""清网""督查""规范"专项行动，加大了对违法违规案件的查处力度。整个"十二五"期间实现了零重大事故、零重大投诉，显著改善了旅游环境，提升了游客的满意度。

四、三大板块开新篇，全域旅游谱华章

2016年年初，山西省委、省政府把旅游业作为全省七大非煤产业的第一大产业来抓，明确提出要做好非煤产业这篇大文章，把文化旅游产业列为山西七大非煤产业之首。2017 年，国务院《关于支持山西省进一步深化改革促进资源型经济转型发展的意见》（国发〔2017〕42号）明确提出山西省到 2020 年要初步建成国家全域旅游示范区，将山西全域旅游发展上升为国家战略。省人民政府将旅游业作为本省国民经济和社会发展的战略性支柱产业，而且又将其写入《山西省旅游条例》，这是对旅游业在全省经济社会发展中的法律定位。2018 年省委、省政府又做出了"举全省之力推动黄河、长城、太行三大旅游板块发展取得实质性突破"的战略决策，忻州市作为黄河、长城、太行三大旅游板块的主要区块和目前全省两个创建国家全域旅游示范区的地级市之一，在全省乃至全国的旅游版图上占有重要的位置。

在市委、市政府的正确领导下，在市旅发委和涉旅部门的具体推动下，全市上下齐心协力、众志成城，取得了骄人成绩。

2016 年，心灵之舟扬帆起航。全市旅游总收入 327.58 亿元，同比增长 15.12%。全年最触动人心的当数申办旅游发展大会的主办权，各界参与，全民动员，全市 310 万人民皆对"忻州，我们的心灵之舟"的"申旅"口号耳熟能详，忻州市获得"最具魅力全域旅游示范城市"的殊荣。在 11 月，被国家旅游局批准为第二批"国家全域旅游示范区"创建单位，优先纳入中央预算内投资支持。12 月，南下广州，进行了为期两天的"心灵之舟，挺进广州"山西省忻州旅游（广州）招商推介会，取得圆满成功。全年省重点旅游项目完成投资 8.11 亿元，市县重点旅游项目完成投资 29 亿元，累计完成投资 37.11 亿元。这一年，五台山风景区体制改革取得突破性进展，中共五台山风景名胜区工作委员会、五台山风景名胜区管理委员会正式揭牌成立，同时成立 27 年之久的县处建制的五台山风景区人民政府正式撤销，在景区发展史上具有里程碑的意义。北京至太原的 K601/2 次快速列车冠名为"五台山号"，五台山机场的旅客吞吐量突破十万人次，天津、重庆、广州、上海、银川、海口、哈尔滨、昆明8个城市直接与五台山机场通航，五台山在全国的知名度迅猛上升。雁门关景区创建5A级景区"资源与景观质量"评审获得通过，"2016中国·代县·雁门关国际骑游大会"隆重举行，来自全球20多个国家和地区的500多名在国际、国内自行车赛事中具有影响力的选手参加竞技逐鹿；该竞赛标准之高，规模之大，盛况空前，是推动忻州长城旅游繁荣的一次盛会。芦芽山申报世界自然遗产工作全面启动，成立了市级申遗领导组、县级申遗工作组、申遗工作资料组，邀请国内外专家进行了实地考察，初步划定了申遗范围，形成了申报预备清单，并上报国家住建部。

2017年，全域旅游激战正酣。忻州市全市旅游总收入408.34亿元，同比增长24.65%，超额完成了省下达的"旅游总收入403亿元、同比增长23%"的目标任务。两权分离，体制改革卓有成效。忻州市外事侨务旅游局正式更名为忻州市旅游发展委员会，挂忻州市人民政府外事侨务办公室牌子。代县、宁武、河曲三个县的旅发委已组建成立。成立了原平市天涯山、五台县驼梁、繁峙县平型关、静乐县旅游景区、神池县南山、五寨县五寨沟、岢岚县宋长城、河曲县沿黄景区、保德县飞龙山9个景区管委会（科级）。省政府确定的19个景区、市政府确定的15个景区改革基本完成。项目建设中，秀容古城的开发取得翻天覆地的变化。2014—2017年，忻州市累计新建、改建旅游厕所606座，厕所革命取得显著成果。市旅发委与忻州日报联合举办了声势浩大的"中华晋绣坊杯"忻州申旅有奖征文活动，编辑出版了《忻州旅游导览》宣传册、忻州旅游地图，着手筹拍了以雁门关伏击战、夜袭阳明堡飞机场为主要背景的电影《长城谣》。景区监管出现了革命性变化，五台山成立了旅游警察、旅游工商分局和综合执法大队，旅游法庭也在积极筹备，构建了景区旅游执法职业化、专业化、规范化模式。雁门关成功挂牌国家5A级景区。

2018年，三大板块谱新篇。忻州是全省锻造文旅"黄河、长城、太行"三大板块的最大主战场。全市实施了路网建设行动、大项目建设行动、旅游景区标准化建设行动、康养旅游行动、重大活动促进行动、精品线路推广行动、旅游品质提升行动、政策保障行动等八大行动，特别是"万年冰洞世界奇观"中国芦芽山万年冰洞主题活动暨学术研讨高层论坛、"看黄河、走长城、穿越太行"越野自驾游活动、首届五台山全球微电影大奖赛等重大活动，引爆了整个网络，吸引了全国乃至世界的目光聚焦忻州。"忻州——心灵之舟"的品牌效应日益凸显。忻州旅游的这颗明珠将在华夏大地闪耀夺目。

第二节　五台山风景区旅游发展历程

一、景区旅游发展现状

（一）山西名片

五台山，位居中国佛教四大名山之首，现有寺庙73座，是世界五大佛教圣地之一，在佛教界地位备受尊崇，享誉海内外。五台山孕育了世界佛教的文殊信仰中心，绵延承传1600余年，展现了一种独特而富有生命力的组合型文化景观，是朝圣礼佛、科考探秘、避暑纳凉的理想场所。

——国家级风景名胜区（1982年11月国务院批准，首批国家重点风景名胜区，后改现名），1997年批复规划面积376平方公里，现上报面积 592.88 平方公里；

　　——国家森林公园（1992 年 11 月林业部批准设立），面积 191.377 平方公里；

　　——国家地质公园（2005 年 9 月国土资源部批准审定），面积 466 平方公里，与五台山风景区现上报规划范围重叠 417 平方公里；

　　——国家 5A 级旅游景区（2007 年 5 月全国旅游景区质量等级评定委员会批准评定）；

　　——世界文化景观遗产（2009 年 6 月 26 日第 33 届世界遗产大会列入），中国第 38 处世界遗产地，第 2 处文化景观遗产。

　　（二）自然地理概况

　　五台山风景名胜区位于五台县北部、繁峙县南部，其地理位置约在东经 113°29′—113°39′，北纬 38°55′—39°66′。因东、西、南、北、中五峰突起呈台状而得名，其中最高的北台叶斗峰海拔 3061 米，有"华北屋脊"之称。

　　五台山地处温带半干旱型森林草原气候带北端，为明显的大陆性气候。山区地形复杂，气候差异大，四季变化明显，昼夜温差较大。冬季寒冷干燥，春季温暖干燥且多风沙，夏季潮湿多雨，秋季时短秋高气爽。全年平均气温在 -5℃—10℃，台顶极端最低气温达到 -44.8℃。台怀地区平均最高气温在 7 月，17.9℃，最冷在 1 月，-9.2℃。5—9 月平均气温 10℃—20℃。全年≥10℃的积温 1900℃—3882℃，日照时数 2400—2700 小时。境内降水受地形影响而异，海拔升高每百米，降水增多 40—50mm。台怀镇海拔较高，年降雨量可达 960mm，春秋降水少，约占全年降水 25%—30%，夏季集中，约占 70%，冬季降水稀少，约占 1%—5%。

　　五台山复杂的地形、多变的气候和多样的土壤等自然地理条件为生物多样性的形成和发展提供了优越的环境基础，也蕴藏着丰富的动植物资源。五台山亚高山草甸和冰缘地貌植被与中国同纬度山地群落类型相比较为丰富，在海拔2800米以上分布着以高山嵩草为代表的高山草甸，它是华北唯一进入高山带的山地植被。景区还设立臭冷杉自然保护区（繁峙县境内，太行山脉五台山系，隶属五台山国有林管理局），是一个以保护珍稀物种臭冷杉、裂唇虎舌兰及森林生态系统和珍稀野生动物为主的省级自然保护区。

（三）景区行政区划及经济社会发展概况

据《五台山风景名胜区总体规划（2016—2035年）》，景区规划范围以乡镇界和村界为准，规划面积为592.88平方公里（不包括佛光寺片区约7平方公里）。规划界限范围内包括了五台、繁峙2个县、8个乡镇、77个行政村、4610户、15113人。五台县有5个乡镇、52个行政村、3474户、11560人（台怀镇22个行政村、金岗库乡10个行政村、石咀乡8个行政村、灵境乡9个行政村、豆村镇3个行政村）；繁峙县有3个乡、25个行政村、1136户、3553人（岩头乡13个行政村、东山乡10个行政村、神堂堡乡2个行政村）。

根据《五台山风景名胜区第三次全国农业普查主要数据公报》显示，农业农村农民基本情况为：五台山风景区第三次全国农业普查共调查了3个乡镇，其中乡2个，镇1个；村63个，村委会63个。

农业经营主体：2016年，全风景区共有129个农业经营单位、3044户农业经营户其中有14户规模农业经营户和2920个农业生产经营人员。

农业机械：2016年年末，全风景区共有拖拉机175台、旋耕机8台、播种机6台、机动脱粒机10台。

土地利用：2016年年末，实际经营的林地面积为15.4千公顷（不含未纳入生态公益林补偿面积的生态防护林）。

农村基础设施：2016年年末，全风景区乡镇地域范围内有高速公路出入口的占33.3%。全风景区79.4%的村通公路。2016年末，全风景区96.8%的村通电，4.8%的村通天然气，4.8%的村有电子商务配送站点。2016年末，全风景区66.7%的乡镇集中或部分集中供水，66.7%乡镇生活垃圾集中处理或部分集中处理。60.3%的村生活垃圾集中处理或部分集中处理，11.1%的村生活污水集中处理或部分集中处理，15.9%的村完成或部分完成改厕。

农村基本公共服务：2016年年末，全风景区33.3%的乡镇有图书馆、文化站，66.7%的乡镇有公园及休闲健身广场。19.0%的村有体育健身场所。2016年末，全风景区100.0%的乡镇有幼儿园、托儿所，100.0%的乡镇有小学；15.9%的村有幼儿园、托儿所。2016年末，全风景区100.0%的乡镇有医疗卫生机构和执业（助理）医师。58.7%的村有卫生室。

农民生活条件：2016年末，全风景区99.9%的农户拥有自己的住房，8.6%的农户使用经过净化处理的自来水，14.0%的农户使用水冲式卫生厕所。

（四）管理机构沿革及现状

——五台山风景名胜区人民政府，成立于1988年11月。是隶属于五台县政府的副县级行政机构。

——五台山管理局，成立于1984年7月。是隶属于忻州市政府的正处级全额事业单位，2009年1月，加挂五台山遗产保护管理处（副处级）牌子，2011年遗产保护管理处撤销。

——五台山国家森林公园，成立于2002年3月，是隶属于忻州市政府的正处级自收自支事业单位，行政、业务管理工作委托五台县人民政府代管。

——五台山国家地质公园管理处，成立于 2010 年 7 月，为五台县政府直属正科级全额事业单位，现委托五台山风景名胜区人民政府代管。

2015 年 6 月，经市政府研究，市委同意，五台山景区政府和五台山管理局"一套人马、两块牌子"，由县政府管理。遗产管理处、森林公园管理处、地质公园管理处均由景区政府管理。

2016 年 1 月 20 日，山西省十二届人大常委会第二十四次会议通过废止《关于成立五台山风景名胜区人民政府的决定》，省政府责成忻州市政府依法成立五台山风景名胜区管理委员会，并确保实现两种管理体制的平稳过渡，推进五台山风景名胜区的严格保护、科学利用和有效管理。设立 28 年之久的五台山风景名胜区人民政府已于 2016 年 1 月 20 日被撤销，五台山风景名胜区管委会同步成立。

二、经营体制、服务管理和新型业态培育

（一）经营体制

五台山风景区政府为适应市场经济形势，2010 年出资 1000 万元注册成立了山西五台山旅游资产经营集团有限公司，2012 年 11 月增资 1 亿元，注册资本变更为 11000 万元，经营范围主要为：旅游产品的开发与销售、旅游服务接待、餐饮娱乐、旅行社、旅游客运、风景资源管理等。公司有山西五台山投资集团有限公司、山西五台山旅游产品有限公司、山西五台山水业有限公司、山西五台山晋旅运通公共交通有限公司、五台山风景名胜区景盛旅游开发有限公司 5 个全资子公司，参股忻州五台山风景名胜区国新能源天然气公司、北京五台山文化传播有限公司、北京五台山电子商务有限公司。

　　全资的 5 个子公司中，山西五台山投资集团有限公司 2010 年 12 月 27 日成立，注册资本 3000 万元，经营范围为旅游业投资，控股山西又见五台山文化旅游发展有限公司（占股 90%），投资建设五台山剧场工程；山西五台山旅游产品有限公司 2012 年 11 月 18 日成立，注册资本 100 万元，经营佛教用品定制及销售，为申遗拆迁安置人员代发工资及办理五险一金事宜。山西五台山水业有限公司 2012 年 11 月 18 日成立，注册资本 200 万元，未正式开展业务；山西五台山晋旅运通公共交通有限公司于 2015 年 5 月 28 日成立，注册资本 5000 万元，尚未正式运营；五台山风景名胜区景盛旅游开发有限公司于 2007 年成立，注册资本 50 万元，2015 年整体划入山西五台山旅游资产经营集团有限公司，主要职能是代替景区政府行使拆迁整治和旅游服务基地建设项目规划融资、建设管理及建设贷款归还等有关事宜，下设物业分公司、五台山风景区供热中心。

　　参股的 3 个子公司中，忻州五台山风景名胜区国新能源天然气公司，由五台山旅游资产经营集团有限公司和山西省天然气公司于 2012 年 6 月共同出资 3000 万元成立，其中五台山旅游资产经营集团有限公司出资 300 万元，占股 10%，经营景区天然气供应和销售业务，该项工程已完成；北京五台山文化传播有限公司，由五台山旅游资产经营集团有限公司于 2013 年 6 月投资 20 万元参股北京五台山文化传播有限公司，占股 20%；北京五台山电子商务有限公司，由五台山旅游资产经营集团有限公司于 2013 年 6 月投资 20 万元参股北京五台山电子商务有限公司，占股 20%。

　　总的来看，五台山风景区虽然成立了市场主体，但实际运营项目少，未真正实现预期的市场主体功能。

（二）服务管理情况

五台山景区共有规模以上宾馆饭店、农家乐、个体旅馆、餐饮店、旅行社、购物商店、公共交通公司、演艺公司600余家，旅游直接从业人员6000余人。

住宿方面，有规模以上宾馆35家（其中星级酒店7家），床位为5010张。由于五台山行政面积较大，宾馆数量众多，特别是农家个体宾馆，多数以村庄为区域，分布在各个村庄，总数量约为300余家，总床位数约为9000余张。旺季（4—10月）客房出租率平均为30%，在旅游高峰期如小长假、周末、初一、十五等，客房出租率平均为60%。淡季，仅有规模不足20家以上的宾馆继续营业，客房出租率不足10%左右，其余的宾馆及绝大多数农家宾馆均停止营业。

餐饮方面，共有餐饮店92家，多数为当地农家饭店，菜品多是晋菜，口味以晋北为主。主食多为当地各种面食。此外，个别饭店以素斋为主，店内装饰多以佛教文化为主，满足游客感受佛教文化生活的需要。

交通客运方面，五台山飞机场为军民合用的国内支线机场，位于定襄县宏道镇无畏庄，飞行区按4C标准设计，设计年旅客吞吐量为35万人次，2020年旅客吞吐量为35万人次，飞机起降量4550架次。五台山火车站距离景区48公里，现有北京、太原、运城、哈尔滨、韩城、灵丘等火车站始发的11列客车经五台山火车站，并做停靠。长途客运，五台山汽车站位于五台山台怀镇杨柏峪村，每天有通往北京、呼和浩特、石家庄、保定、定州、太原、忻州、大同、长治、平遥、原平、繁峙等市、县。公路交通，五台山现有三个入山口，其中从忻阜高速S46五台山高速口或S205省道五台县石咀乡方向到五台山，由南线收费口（游客中心）进入景区，从S311省道五台县豆村镇方向到五台山，由西线收费口进入景区，从 S205 省道繁峙县砂河镇方向到五台山，由北线收费口进入景区。在"旅游日"和"五一""十一"长假期间，为防止交通严重拥堵，景区政府采取临时交通管制，启用公共客运服务，免费承运进山游客。景区内禁止私家车朝台旅游，游客乘车朝拜五座台顶，须乘坐五台山顺达客运公司朝台客运车辆，每个台顶60—80 元/人，五个台顶合计 350 元/人。景区内无专业出租车运营服务。景区内多数寺庙景点，私家车、旅游大巴均可驱车前往，寺庙周围均有大小不一的停车场供游客泊车，部分寺庙因地理位置，无法乘车直达寺庙门口，需通过石阶步道或缆车到达。

旅行社及导游服务，现有旅行社 32 家，其中出境游组团社 3 家，除五台山国际旅行社为景区政府国有独资的自收自支事业单位外，其余旅行社均为私营企业。现有导游员 300 余人，全部持有国家旅游局颁发的导游证。景区多数旅行社仅经营地接业务，旅游行程多为半日游或一日游。

购物方面，有大小购物商店 87 家，主要包括购物超市、旅游商品商店。其中，购物超市主要销售日常用品、服装、食品、饮品，以及以台蘑、金莲花为代表的五台山特色农家食品等，旅游购物商店主要销售以佛教文化为主题的香蜡、佛像、佛珠、手链、木杖、唐卡、古玩、书籍、音像制品等。

景区内有酒吧、茶吧、KTV、桑拿洗浴等休闲娱乐场所 10 余家，分别位于较大规模酒店内或明清街、杨柏峪等农家宾馆集中区域。

目前，五台山初步形成吃、住、行、游、购、娱一条龙配套服务体系，能够满足游客的基本需求。但是，五台山存在淡旺季市场分明、旺季服务压力大、淡季多数不营业的状况。旅游产业处于初级水平。随着市场的发展，管理方面面临着越来越严峻的挑战，价格、服务问题多次被媒体曝光、游客投诉。

（三）新型业态培育情况

大型情景体验剧《又见五台山》从 2014 年 9 月 19 日试演，由著名导演王潮歌打造。该剧场位于五台山旅游服务基地，从 2015 年 5 月 30 正式开演以来，累计演出 173 场，演出时间分别为下午 2 时和晚上 8 时，观众人数累计 7 万人次，上座率为 42%。目前，又见五台山文化旅游发展有限公司共有员工 252 人，其中演员 190 人，其余为办公、营销、财务、后勤等岗位人员。

景区内的缆车观光服务仅有黛螺顶缆车（已安全运行近 20 年）。佛母洞缆车观光服务已基本建设完成，正式开始运营。景区有开发台顶索道轻轨项目的设想，减少朝台车辆对台顶环境的影响。部分游客自助五台山台顶徒步游逐步兴起，但缺乏组织管理、配套服务。总体上，五台山现有的新型旅游业态项目起步较晚，数量较少。

本章小结

本章概述了忻州市的旅游资源和产业发展历程，总结了改革开放 40 年来旅游业所取得的辉煌成就，总结了五台山风景区管理体制、经营体制、服务管理和新型业态培育情况。

参考文献

[1] 邵秀英，邬超，高楠. 全域旅游背景下的忻州旅游空间结构优化 [J]. 中国名城，2018（02）：12-16.

[2] 王丽丽. 基于旅游空间结构的忻州市旅游发展研究 [D]. 秦

皇岛：燕山大学，2018.

　　[3] 李瑞芳. 忻州市低碳旅游发展模式研究 [D]. 临汾：山西师范大学，2018.

　　[4] 高柏. 浅谈如何发挥社会力量在忻州旅游工作中的作用 [N]. 忻州日报，2018 - 01 - 07 （002）

　　[5] 忻州市社科联课题组. 全力打造"心灵之舟"全域旅游品牌——山西省忻州市创建全域旅游示范区研究 [J]. 品牌研究，2018 （02）：16 - 22.

　　[6] 郑波，张杜鹃. 忻州市旅游经济对区域发展的影响研究 [J]. 山西师范大学学报（自然科学版），2018，32 （02）：108 - 115.

　　[7] 仇月普. 基于休闲文化的城市旅游品牌塑造研究——以山西省忻州市为例 [D]. 太原：山西财经大学，2014.

　　[8] 董建琦. 忻州体育旅游开发的 RMP 分析 [J]. 体育科技，2017，38 （02）：113 - 115.

　　[9] 吕更美，方春风. 借五台山佛教文化优势做忻州旅游经济"大蛋糕"——构建忻州旅游强市之设想 [J]. 五台山研究，2002 （03）：38 - 41.

　　[10] 王丽丽，郑宝华. 忻州旅游资源开发对策研究 [J]. 商场现代化，2007 （15）：202 - 203.

　　[11] 李杰超. 忻州旅游创新发展之我见 [N]. 忻州日报，2017 - 08 - 13 （002）.

　　[12] 袁军，王秀梅. 忻州民俗文化旅游资源及其开发研究 [J]. 忻州师范学院学报，2009，25 （05）：72 - 74.

　　[13] 赵鹏宇，付文莉. 忻州市旅游收入与 GDP 增长的相关分析 [J]. 忻州师范学院学报，2015，31 （02）：66 - 69.

[14] 高峰毅，高鹏昊. 凸现核心品牌价值形成拳头竞争合力——试论五台山为忻州旅游核心品牌的竞争力 [J]. 五台山研究，2012 (04)：45－52.

[15] 冯文勇，彭瑞敏. 忻州市旅游景区区域旅游合作的思考 [J]. 国土与自然资源研究，2007 (03)：65－66.

[16] 褚秀彩，贾士义. 忻州市发展旅游经济的资源优势评述 [J]. 国土与自然资源研究，2011 (05)：90－91.

[17] 郭宝厚，王晓东，张宝娟. 忻州：跨越赶超建设新型工业旅游城市 [J]. 品牌,，2010 (Z3)：8－21.

[18] 张云平. 文化传薪火:《忻州日报·文化旅游周刊》作品选:(2005－2015) [M]. 太原：三晋出版社，2016.

[19] 本报评论员. 打造忻州新名片迸发忻州精气神 [N]. 忻州日报，2016－05－05 (001).

[20] 董巧红. 五台山景区管理体制创新研究 [D]. 太原：山西大学，2014.

[21] 李瑞芳，郑国璋. 五台山低碳旅游发展模式研究 [J]. 山西师范大学学报（自然科学版），2013，27 (04)：117－122.

[22] 冯文勇. 忻州市红色旅游资源开发的旅游精品路线设计 [J]. 国土与自然资源研究，2009 (01)：76－77.

[23] 褚士永，姜剑波. 金融危机下忻州旅行社业发展的问题与出路 [J]. 消费导刊，2009 (09)：39－40.

[24] 贾士义，褚秀彩，于海珍等. 对贫困落后地区发展旅游经济的战略思考——以山西省忻州市为例 [J]. 山西师范大学学报（自然科学版），2009，23 (02)：104－108.

[25] 苏高田. 重锤击鼓方传馨 [J]. 前进，2009 (09)：53－54.

[26] 冯文勇. 忻州市历史名人旅游精品旅游线路设计 [J]. 科技资讯, 2008 (32): 195-196.

[27] 张建欣. 开发忻州"山水关"打造旅游黄金圈 [J], 瞭望新闻周刊, 2006 (21): 52-53.

[28] 苏高田. 忻州"山、水、关"与旅游文化 [J]. 经济问题, 2003 (11): 77-79.

[29] 杨蝉玉, 吴向潘. 佛教文化旅游资源对五台山旅游的影响 [J]. 长春师范学院学报, 2013, 32 (12): 96-99.

[30] 余昀, 罗淑君. 五台山区域旅游资源开发研究 [J]. 五台山研究, 2001 (03): 29-33.

[31] 杨松树. 以开拓进取的精神推进2018年忻州旅游工作 [N]. 忻州日报, 2018-03-11 (002).

[32] 高峰毅. 提升忻州旅游品牌核心竞争力的路径 [N]. 忻州日报, 2012-11-25 (001).

[33] 王思然. 山西省忻州市生态旅游发展研究 [D]. 晋中: 山西农业大学, 2017.

[34] 董建全. 基于ANP模型的忻州市乡村旅游发展潜力研究 [D]. 晋中: 山西农业大学, 2017.

[35] 陈浩. 五台山景区管理研究 [D]. 太原: 山西大学, 2016.

[36] 陈晋刚. 发展忻州黄河旅游的几点建议 [N]. 忻州日报, 2017-12-10 (002).

[37] 张天珍. 基于体验视角的忻州顿村温泉旅游 [J]. 国土与自然资源研究,, 2016 (04): 12-14.

[38] 王雁, 张来元. 忻州"创卫"聚集转型跨越正能量 [N]. 山西经济日报, 2013-08-03 (001).

[39] 赵鹏宇. 康养旅游：一种新的旅游业态 [N]. 山西日报，2020 – 01 – 13 (010).

[40] 吴红兵. 忻州文化旅游该如何定位 [N]. 忻州日报，2012 – 06 – 13 (003).

[41] 高志峰，赵鹏宇. 温泉旅游区旅游产品多元化的设想——以忻州市奇村和顿村温泉旅游区为例 [J]. 太原城市职业技术学院学报，2013 (02)：178 – 179.

[42] 褚士永. 忻州市新婚旅游市场研究 [J]. 2011，27 (10)：118 – 120.

[43] 郭伟，王丽丽. 欠发达区旅游开发的空间组织模式研究——以忻州市为例 [C]. 旅游业：推动产业升级和城市转型——第十三届全国区域旅游开发学术研讨会论文集，2008.

[44] 本报评论员. 奋力打造忻州文化旅游战略性支柱产业 [N]. 忻州日报，忻州日报，2017 – 02 – 28 (001).

[45] 卢艳萍. 忻州市旅游景区消防安全管理探究 [J]. 科技与创新，2015 (16)：44 – 45.

[46] 周文彪. 忻州市体育旅游资源开发研究 [J]. 商业文化（学术版），2009 (01)：161 – 162.

[47] 王璐，张永清，冀晴等. 五台山风景区交通现状及对策研究 [J]. 山西师范大学学报（自然科学版），2017，31 (02)：121 – 124.

[48] 贾艳青，吴攀升，张勃，等. 五台山国内客源市场时空结构变化特征分析 [J]. 山西师范大学学报（自然科学版），2016，30 (01)：103 – 108.

[49] 郭俊英. 特色铸就品牌——《忻州日报·文化旅游》周刊的探索与实践 [J]. 中国地市报人，2011 (01)：52 – 53.

［50］张云平. 坚持新闻创新提高文化品位——忻州日报·文化旅游周刊的成功探索［J］. 采写编, 2010 (06)：37 –38.

［51］赵永功. 改革创伟业, 盛世谱华章——40 年来忻州市旅游业的辉煌历程［N］. 忻州日报, 2018 –11 –25 (001).

第二章

五台山风景区旅游经济发展水平

第一节　四大文化景观遗产地旅游经济发展比较

文化景观遗产是指被联合国教科文组织和世界遗产委员会确认的人类罕见的、目前无法替代的文化景观，是全人类公认的具有突出意义和普遍价值的"自然和人类的共同作品"，是世界遗产中的一种类型。截至 2018 年 12 月底，我国现拥有江西庐山、杭州西湖、山西五台山、云南红河哈尼梯田和左江花山岩画共 5 处文化景观遗产。本节着重对比分析杭州西湖、江西庐山、山西五台山这三处文化景观遗产旅游经济发展水平。

一、旅游接待人次

旅游接待人次是衡量一个旅游景区规模的重要尺度，它反映的是一个景区在一定时期内接待国内旅游人数和入境旅游人数的总和。本节对四大文化景观遗产 2009—2018 年每年的旅游接待人数进行对比分析。

　　如表2.1所示，2009年以来，以上三个文化景观遗产旅游接待人数都处于持续上升趋势。其中，杭州西湖旅游接待人数一直呈斜线上升趋势，增长较快。五台山2009年到2014年六年期间的旅游接待人次涨幅不大，属于平稳增长。庐山2009年到2010年涨幅不大，从2011年开始，庐山的旅游接待人数增长较快，到了2014年，庐山的旅游接待人数快与五台山的旅游接待人数相持平。总体上，五台山旅游接待人次排在西湖之后，与庐山不相上下。

表2.1　三大文化景观遗产2009—2018年旅游接待人数

单位：万人次

年份	杭州西湖	江西庐山	山西五台山
2009	424.5★	191.38★	320.5★
2010	574.0★	209.0★	321.4▲
2011	680.2★	288.2★	356.1★
2012	784.2▲	317.2★	406.2★
2013	879.8★	365.7★	425.2★
2014	1000.1★	403.0★	437.5★
2015	1204.5▲	498.5★	475.7★
2016	1351.4★	—	512.3★
2017	1496.9★	—	568.6★
2018	1682.3★	—	—

　　注1：表中带★的数据分别来源于杭州市西湖区国民经济和社会发展公报、九江市庐山区国民经济和社会发展公报、忻州市国民经济和社会发展公报。

　　注2：表中带▲的数据是根据各地历年来的发展趋势推算得出。

二、旅游收入

　　旅游收入是指旅游接待部门（或国家、地区）在一定时期内通过销售旅游商品而获取的全部货币收入，是了解、分析一个旅游景区经济发展情况的一个重要指标。如表2.2所示，五台山旅游收入逐年增长，但远低于西湖。

表2.2　三大文化景观遗产地2009—2018年旅游收入

单位：亿元

年份	杭州西湖	江西庐山	山西五台山
2009	2.43★	13.09★	21.77★
2010	3.75★	14.5★	21.84▲
2011	110★	19.64★	28.68★
2012	140.24▲	21.7★	39.1★
2013	161.62★	24.98★	41.9★
2014	185★	27.55★	46.1★
2015	223.37▲	—	50.82★
2016	251.07★	—	58.48★
2017	281.59★	—	72.22★
2018	310.18★	—	79.9★

注1：表中带★的数据分别来源于杭州市西湖区国民经济和社会发展公报、九江市庐山区国民经济和社会发展公报、忻州市国民经济和社会发展公报。

注2：表中带▲的数据是根据各地历年来的发展趋势推算得出。

第二节　四大佛教名山旅游经济发展比较

颇负盛名的四大佛教名山"五台山、普陀山、峨眉山和九华山"已成为我国佛教旅游的典范，四大名山都拥有丰富的自然资源和人文特色，享有国家利好的政策支持，形成一定的社会知名度，旅游经济发展态势良好。因此，从旅游接待人次、旅游收入、旅游人均消费、旅游服务设施和旅游门票价格五方面对四大佛教名山旅游经济进行对比分析，进而了解五台山风景区旅游经济发展的整体状况。

一、旅游接待人次

旅游接待人次是衡量旅游景区规模的一个重要尺度，它反映的是景区在某一特定时期内接待国内旅游人次和入境旅游人次的总和。本文通过收集数据，对四大佛教名山 2004—2012 年的旅游人次进行对比分析，见表 2.3。

表 2.3　四大佛教名山旅游接待人次统计表

单位：万人

时间	五台山	普陀山	峨眉山	九华山
2004	120.00[A]	230.00[A]	215.34[A]	90.80[A]
2005	247.00[A]	247.00[A]	200.64[A]	100.00[A]
2006	335.81[A]	286.62[A]	234.98[A]	135.00[A]
2007	310.00[B]	320.00[A]	256.79[A]	212.72[A]
2008	281.02[A]	350.47[A]	189.80[A]	272.35[A]
2009	320.50[D]	378.49[D]	230.00[B]	350.00[D]
2010	321.40[D]	478.42[D]	285.00[B]	400.00[D]
2011	356.10[D]	519.66[D]	300.26[D]	480.00[D]
2012	406.00[D]	556.46[D]	380.00[B]	500.00[B]

注 1：表中带[A]数据来源：熊明均，郭剑英. 中国四大佛教名山旅游经济发展对比研究[C]. 乐山：乐山师范学院，2010：2237–2238.

注 2：表中带[B]数据来源：根据各地发展趋势推算得出。

注 3：表中带[C]数据来源：各地市国民经济和社会发展统计公报。

总体上看，2004 年以来，四大佛教名山旅游接待人次整体处于增长状态。其中，普陀山和九华山旅游接待人次一直呈斜线上升趋势，增长较快，另外，五台山在 2006 年出现接待人次高峰，峨眉山在 2008 年出现低人次转折点，之后一直平稳增长。2004 年四大佛教名山接待人次整体排名为：普陀山＞峨眉山＞五台山＞九华山。

2004—2012 年，四大佛教名山接待人次曲线出现三次交叉变化。2005 年，五台山接待人次增加，先后超越普陀山和峨眉山，于 2006 年排四山第一位，为 335.81 万人次。2007 年，普陀山接待人次排名第一，五台山接待人次减少，仅次于普陀山，排名第二。2008 年，峨眉山由于受"5·12"地震的影响，接待人次明显减少，为 189.8 万人次，落居第四，而九华山迅速发展，超越了五台山和峨眉山，仅次于普陀山，排名第二。2008 年之后，峨眉山接待人次走出低谷，四山均呈斜线上升趋势。2009 年开始，四大佛教名山旅游接待人次整体排名保持为：普陀山 > 九华山 > 五台山 > 峨眉山。

由表 2.4 可知四大佛教名山旅游接待人次增长率都有不同程度的波动状况。其中五台山和峨眉山波动较大，普陀山和九华山波动较小。对比四大佛教名山旅游接待人次平均增长率，2004—2012 年，九华山平均增长率最高，为 11.2%，峨眉山最低，为 3.6%。相对来说，九华山发展最快，其次为五台山、普陀山、峨眉山。

表 2.4　四大佛教名山旅游接待人次增长率对比

时间	五台山	普陀山	峨眉山	九华山
2005	105.8%[B]	7.5%[A]	−6.8%[B]	10.1%[B]
2006	35.9%[B]	15.9%[A]	17.1%[B]	35.0%[B]
2007	−7.7%[B]	11.8%[A]	9.3%[B]	57.6%[B]
2008	−9.3%[B]	9.4%[A]	−26.0%[B]	28.0%[B]
2009	14.0%[B]	8.0%[A]	21.2%[B]	28.5%[B]
2010	0.3%[B]	26.4%[A]	15.2%[B]	14.3%[B]
2011	11.6%[A]	8.6%[A]	5.3%[B]	20.0%[B]
2012	14.0%[A]	7.1%[A]	26.5%[B]	4.2%[B]

注1：表中带[A]数据来源：各地市国民经济和社会发展统计公报。

注2：表中带[B]数据来源：根据表 2.3 中数据计算所得。

二、旅游收入

2004 年以来，四大佛教名山旅游收入整体呈增长趋势，其中，五台山和普陀山旅游收入发展较为稳定，九华山发展较快，峨眉山于2008 年出现收入低谷，其后发展也较为稳定。2004 年，四大佛教名山旅游收入整体排名为：峨眉山＞普陀山＞五台山＞九华山。

2004—2012 年，四大佛教名山旅游收入曲线出现三次交叉变化。2005 年，五台山旅游收入超过普陀山，排名第二，仅次于峨眉山。2007 年，九华山旅游收入增多，先后超越五台山和普陀山，排名第二，仅次于峨眉山。2009 年，九华山发展迅速，超过峨眉山，旅游收入跃居第一，其他三山均平稳发展。整体排名保持为：九华山＞峨眉山＞普陀山＞五台山（见表2.5）。

表 2.5　四大佛教名山旅游收入统计表

单位：亿元

时间	五台山	普陀山	峨眉山	九华山
2004	6.20[A]	10.00[A]	16.90[A]	3.30[A]
2005	12.36[A]	11.63[A]	19.93[A]	4.00[D]
2006	16.79[A]	14.00[A]	28.52[A]	6.50[A]
2007	16.67[A]	18.00[A]	35.66[A]	19.41[A]
2008	16.67[A]	20.00[A]	31.35[A]	26.56[A]
2009	16.03[B]	25.00[D]	34.00[D]	34.00[D]
2010	21.84[B]	26.81[B]	35.00[D]	39.00[B]
2011	28.68[B]	34.53[B]	37.00[D]	48.46[B]
2012	39.10[B]	38.13[D]	40.00[D]	51.00[D]

注 1：表中带[A]数据来源：熊明均，郭剑英. 中国四大佛教名山旅游经济发展对比研究[C]. 乐山：乐山师范学院，2010：2237－2238.

注 2：表中带[B]数据来源：各地市国民经济和社会发展统计公报。

注 3：表中带[D]数据来源：根据各地发展趋势推算。

四大佛教名山旅游收入增长率呈现不同程度的波动状况。其中，九华山波动相对较大。五台山呈先下降再平稳后增长的趋势，收入发展较为稳定。普陀山和峨眉山旅游收入增长率波动起伏不大，发展较为缓慢。2004—2012年，九华山平均增长率最高，为18.6%，峨眉山最低，为5.5%。与四大佛教名山旅游接待人次平均增长率结合来看，相对而言，九华山发展最快，经济增长势头较好，市场扩张能力较强，其次为五台山、普陀山、峨眉山，见表2.6。

表2.6　四大佛教名山旅游收入增长率对比

时间	五台山	普陀山	峨眉山	九华山
2005	99.4%	16.3%	17.9%	21.2%
2006	35.8%	20.4%	43.1%	62.5%
2007	-0.7%	28.5%	35.5%	198.6%
2008	0	11.1%	-12.1%	36.8%
2009	-3.8%	25.0%	8.4%	28.0%
2010	36.2%	7.2%	2.9%	14.7%
2011	31.5%	28.8%	5.7%	24.2%
2012	36.3%	10.4%	8.1%	5.2%

注：表中数据根据表2.5中数据计算得出。

三、旅游人均消费

旅游人均消费水平反映特定地区旅游经济发展状况。随着人们物质生活水平的不断提高和闲暇时间的增多，人们参与旅游活动较多，且消费水平日渐提高。以下对四大佛教名山人均消费进行对比分析，见表2.7。

表2.7 四大佛教名山旅游人均消费对比

单位：元/人

时间	五台山	普陀山	峨眉山	九华山
2004	516	434	784	363
2005	500	471	993	400
2006	499	488	1213	481
2007	537	562	1388	912
2008	593	570	1651	975
2009	500	660	1478	971
2010	679	560	1228	975
2011	805	664	1232	1009
2012	963	685	1052	1020

注：表中数据根据表2.1和表2.4中数据计算得出。

总体来看，五台山和普陀山旅游人均消费较低，且变化起伏不大。峨眉山和九华山旅游人均消费较高，变化起伏较大。2012年，四大佛家名山旅游人均消费整体排名为：峨眉山＞九华山＞普陀山＞五台山。

四、旅游服务设施

旅游服务设施是景区经济发展重要的依托，指旅游行业工作人员通过依托各项物质设施和设备向旅游者提供服务。旅游服务设施包括食宿接待设施、交通运输设施、游览娱乐设施和旅游购物设施等。这些都对地区旅游经济的发展起着至关重要的作用。四大佛教名山的饭店服务设施和旅行社服务设施的数据资料收集困难，这里采用2010年数据进行分析，见表2.8。

表 2.8　四大佛教名山旅游服务设施对比表

	旅游饭店（家）					旅行社（家）		
	五星	四星	三星	二星	总量	国际	国内	总量
五台山	0	5	18	20	200	3	22	25
普陀山	0	2	6	28	120	1	36	37
峨眉山	1	3	4	8	173	1	5	6
九华山	0	2	7	6	18	1	24	25

注：表中数据根据表 2.1 和表 2.4 中数据计算得出。

从旅游饭店上看：第一，在饭店数量上，五台山最多，有 200 家，普陀山和峨眉山居中，而九华山最少，只有 18 家，与其他三山相距甚远，呈现不平衡态势；第二，在饭店结构上，四大佛教名山的普通无星级饭店偏多，星级饭店寥寥无几，尤其是星级高的饭店数量偏少。

从旅行社上看：第一，在旅行社数量上，普陀山最多，有 37 家，五台山和九华山数量居中，而峨眉山最少，只有 6 家，相差较远；第二，在旅行社性质上，四大佛教名山都有国际旅行社，但数量较少，国内旅行社较多，其中，峨眉山的国内旅行社相对偏少，呈不平衡状态。

五、门票价格

四大佛教名山在旅游接待人次与旅游收入方面存在差异，在一定程度上也受各山门票价格的影响。现对四山门票价格进行比较，见表 2.9。

表 2.9　四大佛教名山现行门票价格比较

门票	五台山	普陀山	峨眉山	九华山
旺季票价（元）	135	160	160	190
淡季票价（元）	118	120	110	140

注：表中数据来源：五台山旅游门户网、普陀山旅游网、峨眉山·乐山大佛官方旅游网、九华山旅游网。

国家发改委在 2018 年 6 月 29 日印发了《〈关于完善国有景区门票价格形成机制、降低重点国有景区门票价格〉的指导意见》，从七个方面提出完善国有风景名胜区票价形成机制。按上述指导意见，四大佛教景区门票均已调降。横向比较，九华山门票价格相对较高，旺季为190 元，淡季为 140 元，峨眉山和普陀山门票价格相差不多，五台山门票价格相对较低。门票价格、营销活动、免票政策等在一定程度上刺激旅游地的经济发展。

通过上述对比分析可知：五台山风景区接待人次增长平稳，排名第三，旅游收入排名第四，旅游人均消费排名第四，旅游服务设施数量居前列。显然，相比之下，五台山风景区旅游经济发展总体落后。

第三节　中华十大名山风景区旅游经济发展比较

"中华十大名山"（泰山、黄山、峨眉山、庐山、珠穆朗玛峰、长白山、华山、武夷山、玉山、五台山）是按照社会知名度、传统文化、生态环境、景观特色、科学价值与管理建设六条标准由中国国土经济研究会主办，《今日国土》杂志社承办，并联合中国科技界、学术界、政界、新闻界人士共同组织，以群众投票推选的前 15 座名山为基础进行认真评议，用无记名投票方式最终确定的。十大名山皆为我国国家级风景名胜区，是山岳型景区的主要代表，通过横向对比可了解五台山旅游经济发展水平。

一、旅游接待人次

对比 2010 年至 2017 年十大名山景区的旅游接待人次，以秦岭—淮河一线将十大名山景区划分为南北方两部分来进行比较，其中北方包括山东泰山、吉林长白山、陕西华山和山西五台山四座，南方则包括安徽黄山、四川峨眉山、江西庐山、西藏珠穆朗玛峰、福建武夷山和台湾玉山六座，即北方四座名山景区分别比较、南方六座名山景区分别比较。其中，因玉山按照保护规定，每天进入玉山人数限制在 100 人左右，故玉山旅游接待人次暂不计入比较行列，珠穆朗玛峰也因人数限量不再比较。

表 2.10 为北方四座名山的年旅游接待人次。横向比较可发现，五台山略低于泰山，高于华山、长白山。

表 2.10 北方四大名山景区年旅游人次

单位：万人次

年份	泰山	长白山	华山	五台山
2010	396.2	90.0	—	321.4
2011	459.4	142.0	189.8	356.1
2012	492.8	167.0	201.2	406.0
2013	497.6	157.3	210.5	425.2
2014	546.6	193.4	217.5	437.5
2015	589.8	215.0	250.1	475.7
2016	—	218.4	263.3	512.2
2017	—	223	263.4	568.6

表 2.11 为南方四座名山的年旅游接待人次，2015 年旅游接待人次最高的为庐山，其次为武夷山、峨眉山、黄山。五台山与之相比并不低。

表 2.11 南方五大名山景区年旅游接待人次

单位：万人次

山名	2013	2014	2015
黄山	274.7	297.1	318.3
峨眉山	235.8	276.8	330.0
庐山	365.7	402.9	498.5
武夷山	367.7	392.7	463.4

二、景区门票收入

对比 2010 年至 2015 年的年门票收入，五台山景区的门票收入波动性较大，2010 年到 2012 年呈增长趋势，由 1.5 亿元增加到 2.1 亿元，2012 年到 2014 年门票收入呈下滑趋势，由 2.1 亿元减少到 1.5 亿元，2014 年到 2015 年门票收入呈增长趋势，由 1.5 亿元增加到 2.3 亿元，见表 2.12 和表 2.13。五台山门票收入基本排在四山之末，虽然接待人次不低，但近一半为免费政策进山，门票收入排在中华十大名山之末。

表 2.12 北方四大名山景区门票收入

单位：亿元

年份	泰山	长白山	华山	五台山
2010	2.9	1.1	1.3	1.5
2011	2.7	2.2	2.1	1.7
2012	3.1	2.5	2.6	2.1
2013	3.8	2.3	2.8	1.6
2014	6.4	2.9	2.85	1.5
2015	6.8	3.2	3.2	2.3

表 2.13 南方四大名山景区门票收入

单位: 亿元

山名 \ 年份	2013	2014	2015
黄山	5.0	5.8	6.2
峨眉山	3.9	4.3	4.6
武夷山	4.0	4.2	4.5
庐山	4.5	4.9	5.6

五台山和同类景区发展相比,还存在明显的问题和差距,主要表现在以下几个方面。

(一) 资源优势与产业不足的不平衡

一是旅游产业总体规模偏小。与三类景区相比,五台山主要旅游经济指标排名靠后。二是文化旅游资源综合开发水平不高。核心价值深度挖掘不够,一流资源、二流开发、三流管理服务的现象普遍存在。由此可见,丰富的资源优势未转化为产业优势,五台山整体旅游产业发展不充分。

(二) 旅游综合发育程度不充分

首先是旅游的综合转化率不高。相比于人均出游率,游客在实际出游过程中的真正消费支出还很有限。究其原因,一是因为游客结构,中低等收入群体仍占大多数,抑制了旅游消费支出。二是因为目的地消费链延伸不充分,阻碍了旅游消费支出。五台山的旅游产品以佛教朝拜观光为主,游览线路还是几百年前形成的以台怀镇几处主要寺庙构成的朝圣游览线路,五台山的自然风光、气候等资源并未得到充分开发利用。五台山景区游览区和接待区在空间上过度集中于台怀镇,形成了"游五台山就是游台怀镇""游台怀镇就是拜五爷庙"的发展趋势，使得休闲度假类的文化体验型旅游产品无法形成特色和规模。同时，景区没能深入挖掘佛教文化内涵，在景区园林化的整治中未将宗教特色的餐饮、休闲度假、旅游演艺等多种新业态相融合，不仅使游客感觉乏味，也使景区形成了对门票经济的依赖。旅游产业处于初级水平。

其次是旅游对地方经济社会的综合贡献还不高。如五台山优质旅游资源集中度高，但景点内外两重天，景区对周边的辐射力度不足，对地方居民就业带动与收入拉动等效益释放还不够充分。景区内部，政府与农民间矛盾长期积累、农民贫富差距拉大。从区域经济情况看，人流、物流、财流集中于台怀，周边地区并没有从五台山旅游业的发展中享受到红利，地域差距拉大。从景区与外部市场和相关方面的关系看，游客正当权益受到侵害的情况时有发生，游客与景区不断产生纠纷，呈现出不和谐的状态，严重影响五台山声誉，进而对全省的形象也产生了不良影响。

(三) 旅游产品供给与服务质量整体不充分

新时代，游客对旅游的消费需求越来越多元。目前，旅游投资的驱动力上，基本还是以资本驱动为主，但仍显不足，创新驱动力更显微弱。观光型产品依然是旅游项目投资上马的主体，靠体验经济取胜的休闲度假产品供给不足。针对个性游、自主游、深度游、高端游以及综合性度假产品的开发还非常稀少，品牌化旅游产品还不充足。

实地调研表明，景区景点参观者"一律干站"，既缺乏具有吸引力的停留空间，又少有参与性、体验性、休闲化的服务设施和活动项目，相当部分还停留在观光旅游的初级阶段；乡村民宿偏重外表，床铺被褥不够舒服，卫生条件依然有限；地方特色餐饮往往呈现出味道重、菜量大、不够精致和菜品体系单一等特点；非物质文化遗产和手工艺展示则重工艺而不重创意，延伸和衍生产品过少，文化内涵挖掘不足；现虽有情景表演和文化演艺产品，但剧目数量不够丰富，而且在演艺时间、节目时长和演出地点等设计上不够细致，更谈不上景区无线网络覆盖、第三厕所等人性化设施了。另外，景区开发管理中熟悉旅游产业规律、掌握旅游开发技能的复合型专业人才数量不足。景区管理人员的专业培训机制和体系也不健全，旅游服务从业者素质普遍偏低，服务意识不足，智慧旅游发展不尽成熟，游客对旅游产品的优质体验尚显不足。

本章小结

本章将五台山置于世界文化景观遗产、四大佛教名山、中华十大名山中对比分析其旅游经济发展水平。结果发现，五台山主要旅游经济指标排名靠后，原因为旅游发展的不平衡不充分，具体体现为：一是资源优势与产业不足的不平衡不充分，二是旅游综合发育程度不充分，三是旅游产品供给与服务质量整体不充分。

参考文献

[1] 雷平，施祖麟. 出境旅游、服务贸易与经济发展水平关系的国际比较 [J]. 旅游学刊，2008，23（07）：28-33.

[2] 郭舒，曹宁. 旅游目的地竞争力问题的一种解释 [J]. 南开管理评论，2004，7（02）：95-99.

[3] 徐嵩龄，刘宇，钱薏红，等. 西湖模式的意义及其对中国遗产旅游经济学的启示 [J]. 旅游学刊，2013，28（02）：23-34.

[4] 曹正. 杭州西湖南线景区的旅游经济效益分析 [J]. 城市发展研究, 2004, (2): 61-64.

[5] 冯立梅, 蒋晓伟, 刘小英, 等. 庐山旅游气候资源评价及深度开发 [J]. 江西师范大学学报 (自然科学版), 2003 (02): 173-176.

[6] 王浩, 叶文, 薛熙明. 遗产视角下的元阳哈尼梯田旅游开发——基于国内外梯田旅游发展模式的研究 [J]. 旅游研究, 2009, 1 (03): 23-26.

[7] 郑元同. 乐山旅游经济发展与世界自然文化双遗产保护研究 [J]. 经济体制改革, 2005, (5): 138-141.

[8] 韩荣. 中国佛教四大名山旅游比较研究 [D]. 舟山: 浙江海洋学院, 2015.

[9] 赵鹏宇, 付文莉. 忻州市旅游收入与 GDP 增长的相关分析 [J]. 忻州师范学院学报 2015. 31 (2): 66-70.

[10] 席梅竹, 赵鹏宇. 忻州市旅游业对经济增长拉动效应的实证研究 [J]. 绵阳师范学院学报, 2015, 34 (6): 44-48.

第三章

五台山风景区旅游关注度

第一节　山西省重点景区旅游需求关注特征

我国旅游业起步较晚，但萌芽后发展速度极快，旅游在人们日常活动中出现的频率越来越高，这激发了相关学者对旅游需求的研究兴趣，研究内容主要是旅游需求的影响因素。国内关于旅游需求的早期研究中，雷平等设计出多变量分析模型，得出经济发展的速度是影响居民旅游需求的主要因素；王瑾提出影响旅游需求的因素有正向因子和阻碍因子两大类，认为居民的收入和交通的完善程度是影响国内居民旅游需求的主要因素。随着我国经济水平的不断提高及信息技术的迅猛发展，网络的普及范围也在不断地扩大，互联网络信息中心（CNNIC）发布第43次《中国互联网络发展状况统计报告》。其中显示，截至2018年12月，我国网民规模为8.29亿，与此同时，网络已经开始影响人们的旅游行为，越来越多的游客借助网络来获取与旅游地相关的出行信息，在这一过程中人们留下了相应的搜索历史，搜索引擎将这些搜索数据集中起来便得到了人们的"网络关注度"。百度作为中国网民最常使用的搜索引擎，每时每刻都会获取到大量具有分析价值的搜索数据，这也为研究基于百度指数的旅游需求提供了先决条件。林志慧等分析了国内部分景区网络关注度的周内分布动态和年内淡旺季的时间，发现了南北方景区的季节性特点；龙茂兴等对四川地区的网络关注度进行了研究，得出网络关注度与实际客流量呈正相关；普拉提·莫合塔尔等也得出了类似的结论，认为网络关注度与景区的实际客流量有很紧密的联系；马丽君等以湖南省为例分析了网络关注度的时空变化特点及其各自的影响因素；孟思聪等以连云港为例，总结出闲暇时间和季节对旅游需求的影响比较大；李世霞通过对青岛旅游网络关注度情况的分析得出：引起关注度变化的原因还包括景区的知名度。在以山西省景区为游览目的地的旅游需求研究中，张晓梅等以平遥古城为例运用回归方程分析得出气候舒适度、节假日和两地间距离等对网络关注度影响较大。

由于统计数据的限制，对多个目的地和多个客源地的研究相对较少，因此本书采用"多对多"的形式，通过统计分析多组数据，探求基于网络关注度的山西居民对省内景区旅游需求的时间特征、空间特征及其影响因素，希望以此为山西旅游业提供网络宣传与营销的参考依据，促进山西旅游业的发展。

一、数据来源与分析方法

（一）数据来源

通过采集百度指数发现，山西部分 4A 级以下的景区搜索量极少，为此研究对象确定为 4A 级及 4A 级以上景区，部分景区的词条未被百度收录，如忻州禹王洞景区和运城的历山景区等，此外，东岳庙、双林寺等因多地存在同名景区无法获得较为准确的相关数据，在剔除上述两类景区后，最终选取了 7 个 5A 级景区和 28 个 4A 级景区。采用各景区在百度指数平台上被收录的主要关键词，以市为地域范围，检索并详细统计山西省 11 市居民在 2016 年 1 月 1 日至 2016 年 12 月 31 日期间对各景区的搜索频次，并选取了山西省 11 个市 2016 年的国民生产总值数据、太原市的气候数据、太原市与每个景区间的距离数据。国民生产总值数据来源于 2016 统计公报，气候数据来源于中国气象科学数据共享服务网，距离数据来源于百度地图。

（二）分析方法

本书主要用到季节性强度指数、旅游需求偏好指数及最小二乘法。季节性强度指数反映居民旅游需求时间分布上的集中性，其公式为：

$$R = \sqrt{\sum (x_i - 8.33)^2/12} \qquad (3.1)$$

其中，R 表示季节性强度指数，X_i 代表此景区 i 月的网络关注度（旅游需求）占全年的比重。季节性强度指数越大，则旅游需求年内分布差异越大，季节性越明显，反之则说明此景区旅游需求年内分布越均匀。

旅游需求偏好指数主要用于反映游客对某景区的偏好程度，其公式为：

$$\beta_{ij} = \frac{X_{ij}}{\sum_{j} X_{ij}} \times 100\% \qquad (3.2)$$

其中，β_{ij} 表征 i 市对 j 景区的旅游偏好系数，X_{ij} 表示 i 市对于 j 景区的网络关注度（旅游需求），$\sum_{j} X_{ij}$ 为 i 市对所有景区网络关注度（旅游需求）的总和。旅游需求偏好指数越趋近于 1，则说明该市对某景区的旅游偏好越强，越趋近于 0 则该市对某景区的旅游需求越弱。

最小二乘法回归方程是从一组测定的数据中寻求变量间依赖关系

的参数估计方法，在本文中即利用获得的搜索指数（网络关注度）数据分析影响居民旅游需求的时空特征，表述公式为：

$$argmin_w f(w) = \sum_{i=1}^{n} (y_i - x_i w^T)^2 \qquad (3.3)$$

其中，w 为系数向量；x_i 和 y_i 分别为输入值和期望值向量。最小二乘法的目标是寻找一个系数向量 w 使得实际输出值与期望值的误差累计最小，误差函数为 $\sum_{i=1}^{n} (y_i - x_i w^T)^2$。最小二乘法拟合结果的残差 R^2 值越小，其所建立的回归模型就越能代表真实情况。

二、景区旅游需求时间特征及影响因素

（一）省内景区旅游需求的时间特征

随着移动设备的普及，旅游需求关注度指数在逐年增长。分析山西省和太原市年内网络关注度（见图 3.1 和图 3.2），可以发现两者年内旅游需求的变化趋势基本相同，均表现为山峰型变化，其中年初和年末天气寒冷干燥，气候舒适度低，且居民的假期较少，导致居民的旅游需求较低；3—5 月、9—10 月由于气候舒适且受到清明假、"五一"、中秋节假期及"十一"黄金期的影响，居民的旅游需求相对较高，出现了一个高峰时段，同时，6—8 月由于受到暑假的影响，居民

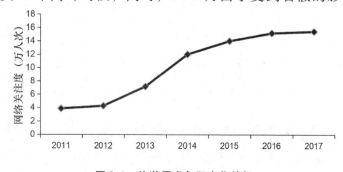

图 3.1　旅游需求年际变化特征

的出游意愿偏强，且在8月份出现了年内第二个需求高峰期，可见节假日对居民的旅游需求具有一定的影响。山西省及太原市的旅游需求季节性强度指数分别为2.01和2.07，说明年内旅游需求季节性差异均相对较大。

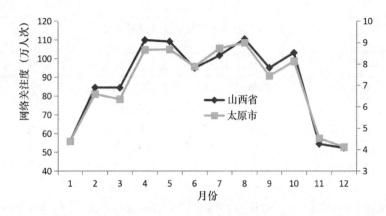

图3.2　居民景区旅游需求月变化特征

（二）单个景区旅游需求时间特征

根据年内景区关注度变化特征，将35个景区分为单峰、双峰和多峰三类。其中，五台山、绵山、榆次乌金山森林公园及王莽岭风景区属于单峰型景区，恒山风景名胜区、藏山等属于双峰型景区，平遥古城、云冈石窟等属于多峰型景区。35个景区的季节性强度指数见表3.1，山岳景区、自然景观多为单峰或双峰，季节性强度指数较大，如榆次乌金山森林公园、芦芽山风景名胜区等；位于平原地区、室外活动性弱的景区多为多峰型，且季节性强度指数较小，如平遥古城、乔家大院等。

根据季节性强度指数，可将35个景区所在的季节性强度指数值分为三个级别，其中绵山、藏山、珏山等9个景区的季节性强度指数在3.02—5.8之间，说明这些景区年内每月旅游需求差距较大，季节性特

征突出；壶口瀑布、榆次老城、李家大院等9个景区的季节性强度指数
处于2.01—2.88，季节性特征较为明显；五台山、平遥古城、云冈石
窟等17个景区的季节性强度指数处于1.33—1.89，每月旅游需求差距
较小，季节性特征最不突出。

表3.1　居民景区旅游需求时间特征

景区	类型	R值	景区	类型	R值
五台山	单峰	1.66	雁门关	多峰	1.40
绵山	单峰	3.40	晋祠	多峰	1.86
榆次乌金山森林公园	单峰	4.45	应县木塔	多峰	1.39
王莽岭风景旅游区	单峰	5.80	洪洞大槐树	多峰	1.66
恒山风景名胜区	双峰	2.62	解州关帝庙	多峰	1.61
藏山	双峰	3.02	壶口瀑布	多峰	2.07
太行山大峡谷	双峰	3.69	王家大院	多峰	1.76
云丘山旅游风景区	双峰	2.88	普救寺	多峰	1.87
蟒河风景区	双峰	4.10	榆次老城	多峰	2.06
芦芽山风景名胜区	双峰	5.06	常家庄园	多峰	2.32
珏山	双峰	3.32	鹳雀楼	多峰	1，84
大寨景区	双峰	1.57	永乐宫	多峰	1.33
蒙山大佛	双峰	2.45	渠家大院	多峰	1.75
临汾汾河公园	双峰	3.89	太原动物园	多峰	2.01
平遥古城	多峰	1.70	阎锡山旧居	多峰	2.15
云冈石窟	多峰	1.87	李家大院	多峰	2.71
皇城相府	多峰	1.68	张壁古堡	多峰	1.89
乔家大院	多峰	1.46			

（三）时间分布特征的影响因素

由上文可知，居民旅游需求的时间特征受到节假日时长、气候舒
适度和景观多样性等多种因素的影响，其具体表现为：假期时间越长
则居民的旅游需求越强，反之则越弱，这一点，可通过对比暑假和
"五一"假期间的网络关注度看出；气候舒适度会影响游客的体验，进

而影响出游决策，气候越舒适的景区越容易吸引游客，促进旅游需求的产生，反之则会抑制游客的旅游需求，如冬季寒冷，居民对山地景区及一些户外活动性强的景区的旅游需求较弱，而对一些文物建筑类景区需求偏大。目的地景观丰富性也对居民的旅游需求有影响，景观越多样，居民对其的旅游需求越强，反之则越弱。五台山风景区具有代表性，以居民对忻州五台山风景区的旅游需求月指数为因变量，节假日因子和气候舒适度指数为自变量，利用最小二乘法进行分析，分析方程为：

$$A_i = 21.638 + 2.308\,C_i + 11.167\,T_i, R^2 = 0.8403 \qquad (3.4)$$

其中，A_i 表示旅游需求月指数，C_i 为综合气候舒适指数，T_i 代表节假日虚拟因子，虚拟因子根据节假日在长度和影响力方面的区别分别赋值，7 月、8 月赋值 1，国庆节赋值 0.75，春节、清明节、劳动节和中秋节赋值 0.25，其余月份均赋值 0。结果表明，综合气候指数每变化一个单位，则旅游需求月指数增加（或减少）2.308%，节假日因子每变化一个单位，则旅游需求月指数增加（或减少）11.167%。马丽君等关于湖南省的研究中得到的结果为：综合气候指数每变化一个单位，旅游需求月指数增加（或减少）0.243%，节假日因子每变化一个单位，旅游需求月指数增加（或减少）7.277%。出现这一差别的原因可能是山西省的气候变化更明显，对居民的出行决策影响较大。

三、景区旅游需求空间特征及影响因素

（一）省内景区旅游需求的空间特征

根据公式 1.2 计算省内居民对 35 个景区的旅游需求偏好系数，并将其分成 5 个级别，如图 3.3 所示。山西省居民对平遥古城、乔家大院、五台山和壶口瀑布等景区有较强的需求偏好，旅游需求偏好系数

分别为 7.36%、6.73%、6.58% 和 5.45%；对云冈石窟、皇城相府、雁门关等 11 个景区的偏好程度属于中度偏好，旅游需求偏好系数区间为 2.63%—5.09%；对藏山、洪洞大槐树、解州关帝庙等 20 个景区的旅游偏好最弱，旅游需求偏好系数所在区间为 0.70%—2.47%。总的来说，省内居民对 5A 级景区的偏好程度较高。

等级	景点	全省	太原	大同	临汾	吕梁	忻州	晋城	晋中	朔州	阳泉	长治	运城
5A	五台山	6.58%	6.75%	4.79%	5.34%	6.41%		6.19%	5.43%		7.29%	6.58%	5.15%
5A	平遥古城	7.36%	7.47%	6.48%	6.57%	7.73%	6.48%	7.11%			7.14%		5.84%
5A	云冈石窟	4.16%	3.60%		3.02%	3.88%	4.56%	3.46%	3.27%	7.28%	3.65%	3.40%	3.05%
5A	皇城相府	4.68%	3.14%	4.12%	5.44%	4.81%	4.08%		3.63%	3.59%	4.14%	7.23%	5.27%
5A	乔家大院	6.73%	6.38%	6.62%	6.98%	7.64%	6.08%	6.81%	7.28%		6.90%	7.48%	5.78%
5A	绵山	4.19%	3.56%	3.96%	4.77%	5.07%	3.75%	3.87%	4.29%	4.49%	4.63%	4.58%	4.55%
5A	雁门关	3.71%	3.29%	5.75%	2.83%	3.56%	6.36%	3.24%	2.80%		3.74%	3.38%	2.97%
4A	晋祠	4.26%	5.70%	3.98%	3.02%	4.32%	4.16%	3.91%	4.04%	3.72%	4.19%	3.58%	2.68%
4A	应县木塔	2.80%	2.52%	5.43%	1.98%	2.20%	3.76%	2.05%	2.25%		2.21%	1.97%	2.19%
4A	藏山	1.62%	1.95%	0.83%	0.80%	1.57%	2.37%	0.29%	1.87%	0.33%	5.83%	0.59%	0.71%
4A	太行山大峡谷	5.09%	4.81%	5.05%	4.94%	5.72%	4.65%	6.56%	4.04%	5.27%		6.58%	3.79%
4A	洪洞大槐树	2.17%	1.85%	1.02%	5.23%	2.54%	1.44%	1.79%	2.22%	0.38%	1.60%	1.95%	2.31%
4A	解州关帝庙	0.90%	1.08%	0.23%	0.80%	0.29%	0.07%	0.46%	0.76%	0.02%	0.13%	0.17%	3.20%
4A	云丘山旅游风景区	2.18%	2.15%	0.97%	5.36%	2.05%	0.70%	0.97%	2.05%	0.26%	1.07%	0.76%	3.97%
4A	壶口瀑布	5.45%	4.65%	5.27%	6.89%	5.32%	4.56%	6.01%	4.76%	5.50%	5.51%	5.91%	6.90%
4A	王家大院	4.59%	4.19%	4.35%	4.78%	5.37%	4.03%	4.02%	6.08%	4.47%	4.45%	4.64%	3.84%
4A	李家大院	1.84%	1.62%	0.78%	2.58%	1.15%	0.54%	0.93%	1.60%	0.38%	0.65%	0.80%	5.81%
4A	蟒河风景区	2.13%	1.73%	0.64%	3.42%	1.44%	1.39%	5.93%	1.32%	0.42%	2.08%	3.62%	2.52%
4A	芦芽山风景名胜区	2.47%	2.48%	4.63%	1.92%	2.17%	3.87%	1.39%	1.83%	4.66%	2.86%	2.29%	1.76%
4A	恒山风景名胜区	3.23%	2.82%	5.10%	2.60%	3.06%	4.30%	2.52%	2.61%	6.11%	2.90%	2.88%	2.49%
4A	普救寺	1.26%	1.26%	0.53%	1.85%	0.59%	0.23%	0.69%	1.24%	0.08%	0.30%	0.53%	3.74%
4A	榆次老城	2.29%	2.77%	1.33%	1.37%	2.80%	2.28%	0.81%	3.54%	0.62%	3.30%	2.05%	1.36%
4A	常家庄园	2.07%	2.45%	1.42%	1.43%	2.42%	1.76%	1.12%	3.00%	1.09%	2.57%	2.21%	1.27%
4A	珏山	1.22%	1.16%	0.78%	1.08%	0.30%	0.43%	6.06%	0.78%	0.17%	0.35%	2.05%	1.03%
4A	鹳雀楼	2.19%	1.84%	2.14%	2.98%	2.11%	1.56%	2.07%	1.86%	0.70%	1.06%	1.91%	4.47%
4A	永乐宫	1.16%	1.33%	0.40%	1.07%	0.34%	0.18%	0.34%	1.19%	0.10%	0.17%	0.39%	3.88%
4A	渠家大院	0.72%	1.03%	0.53%	0.40%	0.71%	0.29%	0.23%	1.46%	0.15%	0.26%	0.33%	0.50%
4A	榆次乌金山森林公园	0.70%	1.05%	0.10%	0.25%	0.61%	0.68%	0.02%	1.32%	0.06%	0.62%	0.62%	0.41%
4A	太原动物园	3.05%	3.51%	2.12%	2.98%	4.15%	3.30%	1.83%	2.86%	2.86%	3.88%	3.30%	2.11%
4A	张壁古堡	1.44%	1.59%	0.39%	1.30%	1.79%	0.41%	0.70%	2.88%	0.18%	0.66%	0.98%	0.77%
4A	王莽岭风景旅游区	1.42%	1.20%	0.76%	1.79%	0.87%	0.88%	4.51%	0.94%	0.29%	1.36%	2.79%	1.25%
4A	大寨景区	1.32%	1.46%	0.44%	0.94%	1.22%	0.76%	0.75%	1.97%	0.37%	3.31%	1.26%	0.93%
4A	阎锡山旧居	1.11%	1.36%	0.79%	0.80%	0.62%	3.41%	0.34%	1.21%	0.49%	0.80%	0.57%	0.82%
4A	蒙山大佛	2.63%	3.78%	1.84%	1.85%	3.25%	3.00%	1.43%	2.66%	1.18%	2.86%	1.78%	1.74%
4A	临汾汾河公园	1.39%	2.24%	0.75%	1.82%	1.86%	1.18%	0.38%	1.44%	0.41%	1.27%	0.63%	0.96%

强偏好	中强偏好	中偏好	中弱偏好	弱偏好
$\beta \geqslant 10.4\%$	$7.8\% \leqslant \beta < 10.4\%$	$5.2\% \leqslant \beta < 7.8\%$	$2.6\% \leqslant \beta < 5.2\%$	$\beta < 2.6\%$

图 3.3　居民旅游需求空间偏好

根据全省居民对各景区的旅游需求偏好系数绘制等值线图（如图 3.4）颜色越深的区域旅游需求偏好系数越大，居民旅游需求越强；颜色越浅，旅游需求偏好系数越小，居民的旅游需求越弱。山西省居民的旅游需求主要集中在以五台山为中心的晋北地区，其次是以平遥古城和乔家大院为双中心的山西中部地区，最后是以壶口瀑布为中心的晋西南地区。

（二）地市景区旅游需求的空间特征

由图3.3可知，太原市居民对平遥古城、五台山、乔家大院和晋祠四个景区有较强的旅游需求，旅游需求偏好系数分别为7.47%、6.75%、6.58%和5.70%，网络关注度人次区间为15万—20万；对云冈石窟、皇城相府、绵山等11个景区的偏好程度为中度偏好，旅游需求偏好系数区间为2.77%—4.81%，网络关注度人次区间为7万—13万；对应县木塔、藏山、云丘山旅游风景区等20个景区的旅游偏好最弱，旅游需求偏好系数值在1.03%—2.52%。大同市居民对云冈石窟和恒山风景名胜区的旅游偏好最强；对平遥古城、乔家大院、雁门关等景区的旅游偏好较强；对榆次乌金山森林公园、解州关帝庙、渠家大院等景区的旅游偏好最弱。临汾市居民对平遥古城、乔家大院、壶口瀑布等景区的旅游偏好较强；对藏山、榆次乌金山森林公园、渠家大院等景区的旅游偏好最弱。吕梁市居民对平遥古城、乔家大院和壶口瀑布的旅游偏好较强；对解州关帝庙、永乐宫和珏山的旅游偏好最弱。忻州市居民对五台山的旅游偏好最强；对解州关帝庙、普救寺和渠家大院的旅游偏好最弱。晋城市居民对皇城相府的旅游偏好最强；对藏山、榆次乌金山森林公园和阎锡山旧居等景区的旅游偏好最弱。晋中市居民对平遥古城的旅游偏好较强；对解州关帝、珏山和王莽岭风景区的旅游偏好最弱。朔州市居民对应县木塔、五台山和平遥古城等景区的旅游偏好较强；对解州关帝庙、普救寺、榆次乌金山森林公园等景区的旅游偏好最弱。阳泉市居民对五台山、平遥古城、乔家大院等景区的旅游需求较强；对永乐宫、渠家大院、普救寺等景区的旅游偏好最弱。长治市居民对太行山大峡谷和平遥古城的旅游偏好较强；

对解州关帝庙、渠家大院、永乐宫等景区的旅游偏好最弱。运城市居民对壶口瀑布、李家大院、平遥古城等景区的旅游偏好较强；对渠家大院、榆次乌金山森林公园、藏山等景区的旅游偏好最弱。

总体上，上述地区居民偏好集中在5A级景区上，与全省居民的空间偏好特征相符合。此外，居民对自己所在市的景区存在偏好的极值。

（三）空间特征的影响因素

山西省地形以山地为主，交通的便利与否对居民出行有很大的影响。太原、临汾等经济发展速度较快城市的居民可支配收入较高，因而对各景区的旅游需求较强，而在阳泉、忻州等经济发展水平较低的地区，居民旅游需求较弱，因此经济发展水平也是影响游客出游的关键因素。此外，景区知名度、类型、景观多样性等均为影响居民旅游需求的因素。

1. 典型城市居民旅游需求的空间特征影响因素

太原市作为山西省的省会，地理位置优越，人口集中度高，经济发展较好，居民的旅游需求较强，因此本书选取太原市作为典型城市分析居民景区旅游需求的空间特征，其对各个景区的网络关注度如表3.2所示。

表3.2　太原居民对省内各景区的网络关注度

景区	到太原市的距离（千米）	2016年网络关注度（人次）
太原动物园	6.5	96294
蒙山大佛	22.2	103814
晋祠	28.5	156431
榆次乌金山森林公园	28.8	28863
榆次老城	31.9	76199
常家庄园	49.9	67413

续表

景区	到太原市的距离（千米）	2016 年网络关注度（人次）
乔家大院	60.7	180686
渠家大院	85	28203
平遥古城	101.5	205075
阎锡山旧居	112.1	37387
藏山	121.9	53659
张壁古堡	142.1	43786
芦芽山风景名胜区	150.2	68152
王家大院	151	114952
绵山	157.1	97890
大寨景区	162.2	40127
雁门关	172.3	90242
五台山	200.9	185468
应县木塔	231.6	69197
洪洞大槐树	241.8	50893
临汾汾河公园	258.6	61583
恒山风景名胜区	286.4	77577
云冈石窟	286.5	98830
太行山大峡谷	293.9	132231
珏山	312.8	31962
王莽岭风景旅游区	333.3	32853
皇城相府	336.1	86270
云丘山旅游风景区	347.1	59170
蟒河风景区	380.9	47576
壶口瀑布	383.4	127658
李家大院	388.8	44463
解州关帝庙	414.9	29604
永乐宫	449.3	36635
普救寺	450.7	34586
鹳雀楼	456.6	50610

景区等级、景观多样性、客源地与目的地之间的距离都是影响太原市居民的旅游需求的因素。由于客源地与目的地之间的距离和景区等级这两个因素可以被量化，所以本书利用 Pearson 相关系数定量分析景区等级、客源地与目的地距离对太原市居民景区旅游需求的影响，Pearson 相关系数的计算公式为：

$$\rho(X,Y) = \frac{\sum [(X - \mu_X)(Y - \mu_Y)]}{\sigma_X \sigma_Y}$$

$$= \frac{\sum [(X - \mu_X)(Y - \mu_Y)]}{\sqrt{(X_i - \mu_X)^2} \sqrt{(Y_i - \mu_Y)^2}} \tag{3.5}$$

其中，将5A、4A级景区参照有关文献①分别赋值5、2.5，景区等级和客源地与目的地之间的距离对居民旅游需求的影响十分明显，旅游需求与空间距离间的相关系数为 -0.332，即空间距离越大，居民对景区的旅游需求越弱，反之则越强；旅游需求与景区等级间的相关系数为 0.618，即景区等级越高，居民对景区的旅游需求越强，反之则越弱（见表 3.3）。

表 3.3 空间距离、景区等级与旅游需求相关性分析

	空间距离	景区等级
Pearson 相关性	-0.332	0.618

2. 典型景区旅游需求的空间特征的影响因素

除了从客源地角度分析旅游需求的空间特征，还将从目的地的角度分析各市居民旅游需求的空间特征。平遥古城是国家5A级景区，也是世界文化遗产，居民对其的偏好程度也较高，代表性较强，因此将

---

① 马丽君，龙云. 基于网络关注度的湖南省居民旅游需求时空特征 [J]. 经济地理，2017，37（2）：201 - 208.

平遥古城作为平原景区的典型景区，其在省内的旅游需求分布状况如表 3.4 所示。

表 3.4　省内各市居民对平遥古城的网络关注度

地区	到平遥古城的距离 （千米）	2016 年 GDP （亿元）	2016 年网络关注度 （人次）
太原	102.1	2955.6	205075
忻州	181.6	716.1	43298
临汾	165	1205.2	61243
晋中	95.9	1091.1	141402
晋城	293.9	1049.3	42571
吕梁	118.5	995.3	52569
大同	377	1025.3	41953
运城	294.8	1222.3	68471
长治	211.3	1269.2	52277
阳泉	182.6	622.9	41831
朔州	312.3	918.1	26075

可以发现，经济水平越高或距离平遥古城越近的地区，居民对该景区旅游需求越大。其中，太原市居民对平遥古城的旅游需求最大，网络关注度为 20 万人次；其次为晋中市，网络关注度为 14 万人次；忻州、临汾、晋城等 8 个城市居民对平遥古城的旅游需求一般，网络关注度区间为 4 万—6 万人次；朔州市居民的旅游需求最低，网络关注度为 2 万人次。综上，各地区的经济发展水平和到平遥古城的距离是影响地区居民旅游需求的主要因素。对这两个变量用最小二乘法进行回归分析，各地区居民对平遥古城的旅游需求即网络关注度是因变量，自变量为各地区距离平遥古城的距离及经济发展水平，分析方程如下：

$$A_i = 39790 + 62.893\,G_i - 206.834\,D_i, R^2 = 0.8319 \qquad (3.6)$$

其中，A_i 为居民的旅游需求（网络关注度）；G_i 为地区生产总值（GDP）；D_i 为各地区到平遥古城的距离。由方程可知，GDP 每增加（或减少）1 亿元，居民旅游需求增加（或减少）63 人次；距离每增加（或减少）1 千米，居民旅游需求减少（或增加）207 人次。马丽君等①关于湖南省的研究中所得到的结果为 GDP 每增加（或减少）1亿元，居民旅游需求增加（或减少）15 人次；距离每增加（或减少）1 千米，居民旅游需求减少（或增加）33 人次。出现这一差别的原因可能是山西省和湖南省在交通、经济方面存在差距。

五台山是国家重点风景名胜区之一，是山地型景区的代表，居民对其旅游需求较强，因此本书将五台山作为山地景区的典型景区，五台山景区在省内的旅游需求分布状况见表 3.5。

表 3.5 省内各市居民对五台山风景区的网络关注度

地区	到五台山的距离（千米）	2016 年 GDP（亿元）	2016 年网络关注度（人次）
太原	202.9	2955.6	185468
忻州	150.2	716.1	86806
临汾	224.9	1205.2	83129
晋中	594.2	1091.1	60433
晋城	464.4	1049.3	49801
吕梁	399.3	995.3	43574
大同	387.5	1025.0	43557
运城	166.9	1222.3	42713
长治	508.8	1269.2	37041
阳泉	209.1	622.9	31026
朔州	219.1	918.1	30620

---

① 孟思聪，马晓东. 基于百度指数的连云港旅游网络关注度研究［J］. 旅游论坛，2017，10.

经济发展水平越高或距离五台山越近的地区居民对景区旅游需求越大。其中,太原市居民对五台山的旅游需求最大,网络关注度为 18 万人次;其次为忻州市,网络关注度为 8 万人次;晋中、临汾、晋城等 9 个城市居民对五台山景区的旅游需求一般,网络关注度人次区间为 3 万—6 万。由此可以总结出,各地区的经济发展水平和到五台山的距离是影响地区居民旅游需求的主要因素。利用最小二乘法,以各地区居民对五台山景区的旅游需求即网络关注度为因变量,各地区距离五台山景区的距离及经济发展水平作为自变量,得到方程:

$$A_i = 17986 + 60.835\, G_i - 84.716\, D_i, R^2 = 0.7976 \qquad (3.7)$$

其中,A_i 为居民的旅游需求(网络关注度);G_i 为地区生产总值(GDP);D_i 为各地区到五台山风景区的距离。由方程可知,GDP 每增加(或减少)1 亿元,居民旅游需求增加(或减少)61 人次;距离每增加(或减少)1 千米,居民旅游需求减少(或增加)85 人次。

对比平遥古城与五台山风景区的最小二乘法回归方程式可以发现:无论是平原地区的景区还是山地型景区,客源地的经济发展水平及目的地的距离均可影响居民的旅游需求。

研究山西居民对省内景区旅游需求特征及影响因素,对山西旅游营销和景区客源管理具有参考价值。各景区可以根据网络关注度的变化预测一段时间内的客流量,从而做好相应的接待准备。如在"十一"黄金周即将到来之前监测居民对某景区网络关注度的变化,并根据此景区往年黄金周的搜索指数与实际客流量来预测当年的客流量,进而做好客流量控制工作。在旺季时通过公众号、微博等自媒体积累下一时间段的客源,在淡季时,景区策划旅游惠民活动,以达到平衡淡旺季的目的。

本书不足体现在:网络关注度所反映的搜索数量无法准确体现居

民对景区的需求，这是因为网络搜索不仅包括实际游客的关注度，也包括潜在游客的关注度。由于人们使用搜索引擎检索的习惯各不相同，本书所选取的关键词并不能涵盖同一景区的所有搜索情况，这导致本书的相关数据存在一定的误差。此外，在对数据进行回归的过程中，回归模型的参数只选取了主要的量化指标，因此模型有待优化。

第二节　五台山风景区网络关注度时间变化特征

学者们对于网络关注度的探索研究取得了一些成果。如马丽君等进行城市国内客流量与游客网络关注度时空相关分析，建立了时空相关模型，得出游客网络关注度与客流量之间有着密切关系，游客网络关注度是游客在出游前通过网络辅助决策形成的，是游客出游前的一个部分，也是游客出游的一种体现和征兆；李山、邱荣旭等利用百度指数对我国53个5A级景区网络关注度的时间分布及前兆效应，得出了"日前兆""旬前兆"等研究成果；龙茂兴等以四川为例，对区域旅游网络关注度与客流量时空动态比较分析，研究发现，在惯常环境条件下，区域旅游网络用户关注度与实际旅游客流具有极强的正相关性；赵安周等研究了西安旅游流"井喷"的时空分布特征；林志慧等利用百度指数搜索平台选取的百强景区前47的景区进行数据收集，研究这些旅游景区网络关注度的时空特征；黄先开等以北京故宫为例，进行对百度指数与旅游景区游客量的关系及预测的研究。

2009年"申遗"成功后，五台山景区的游客量逐年增加，景区关注度与知名度也持续上升，客流小时间尺度内的差异较大，给景区服务与管理带来巨大压力；同时景区营销与客源市场动态演化结构未能完全匹配。应用百度指数法研究景区网络关注度是可行的。选择五台山景区为研究对象可为三类典型景区客源与客流量预测提供参考。

一、数据来源

（一）百度指数与用户关注度

百度指数是以百度海量网民行为数据为基础的数据分享平台，也是最重要的统计分析平台之一。百度指数的主要功能模块包括：基于单个词的整体趋势、PC 趋势及移动趋势研究、需求图谱、舆情管家、人群画像等；基于行业的整体趋势研究、地域分布、人群属性、搜索时间特征等。用户关注度是以网民在百度的搜索量为数据基础，以关键词为统计对象，科学分析并计算出各个关键词在百度网页搜索中搜索频次的加权和，并以曲线图的形式展现。用户关注度展现时间宽度的曲线共五种，跨度分别为：一月份、一季度、半年、全年和全部，并可点击所选日期的具体搜索量度数据，还可以通过关键词、地区或时间进行搜索。

（二）关键词的选择与关注度

本书以五台山为关键词，包括"五台山旅游攻略""五台山天气预报""五台山在哪""五台山旅游""五台山门票"，等等。其中，"五台山旅游攻略"的关注度最高，年平均关注度为 847；"五台山天气预报"位列第二，年平均关注度为 842；"五台山在哪"位列第三，年平均关注度为 725；"五台山旅游"的关注度第四，年关注度为 506；"五台山门票"与"五台山旅游"的关注度相同。结合有关五台山的所有关键词，搜集 2011 年 1 月份到 2015 年 12 月份这五年内的用户关注度数据，通过所搜集到的网络关注度数据来分析五台山景区各个不同时间段（周时段、月时段、季节性、年际、黄金周期间、免票日和法事、庙会等活动日）的网络关注度差异。其中，周时段、月时段、季节性、年际选取关注度较高的四个关键词对比研究，而黄金周期间、免票日和法事、庙会等活动日则是选取与其相关的关键词进行对比分析。

二、结果与分析

（一）周时段特征

选取"五台山""五台山旅游攻略""五台山天气预报""五台山在哪"等四个关键词，搜集五台山风景区从 2011 年 1 月份到 2015 年 12 月份每天的百度指数用户关注度的数值。将这些数值按星期相加求平均值，然后求出五台山风景区从星期一到星期日一周内网络关注度的每日平均分布状况。根据统计得出，五台山风景区在 2011 年到 2015 年这五年内每天平均网络关注度为 3126，周内每天网络关注度如图 3.5 所示。周内网络关注度特征有：（1）周一至周五也就是工作日网络关注度高，周六周日关注度较低；（2）周六网络关注度最低，其次是周日，然后是周二；周五关注度最高，其次是周四，第三位是周一和周三，这两天的关注度几乎持平；（3）五台山网络关注度的最高点是在周五，而且从周二开始关注度就一直呈现上升趋势，直到过了周五，关注度就直线下降，到周一又呈上升趋势。五台山的网络关注度和工作日、休息日有一定的关系。根据李山等人研究，证实了周内显示出"日前兆"特征。人们利用工作日对周末计划出游的目标景区进行网络信息查询，而周末的出游行为对工作日旅游景区网络关注度给予了"制度化的释放"。其中，周六的出游则进一步降低了次日（周日）上网查询的需求。所以，根据五台山景区周内网络关注度变化特征可以预测周末景区的客流量，以便景区服务方面提前做好准备。

从图3.4可以看出，以"五台山"为关键词的搜索数据较高，而以"五台山旅游攻略""五台山天气预报""五台山在哪"为关键词的网络关注度搜索数据较低，基本处于同一水平上，差异并不明显，只有与"五台山"关注度差异较大。其中，"五台山旅游攻略""五台山天气预报"周内网络关注度变化趋势基本与"五台山"的变化趋势一致。但"五台山"的趋势更加明显一点，而"五台山在哪"的变化趋势则与其他三个关键词有明显差别。

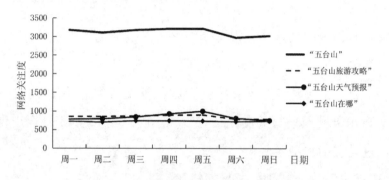

图3.4 四个关键词网络关注度周内变化对比

（二）月时段特征

根据图3.5所示，五台山风景区网络关注度的月内分布具有一个明显特征，即一个月内出现了四个关注度波峰。第一大关注度高峰是在月初也就是月内3日左右，紧随其后的两个关注度高峰都集中在月末，分别是26日和30日左右，月中17日左右又出现了一个小高峰。由此可看出，五台山整体关注度呈现明显的特征：一个月内，月初的关注度最高，其次是月末，而月中的关注度普遍降低，且差异明显。

"五台山""五台山旅游攻略""五台山天气预报""五台山在哪"等四个关键词五年内平均月内变化与和周内变化显示出相同的差异。我国法定节假日，如"五一""十一"和清明等基本都在月初，从而拉

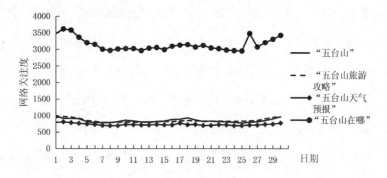

图3.5　四个关键词网络关注度月内变化对比

高了每月月初的搜索量。又根据李山等人所研究的"前兆效应"，人们会在出行的前几天提前搜索出行需要的信息。所以，月初出行就会使得上个月月末的关注度搜索量上升，因此导致月末的关注度出现高峰。而"五台山天气预报"的变化又有一些不同，在17、18日会出现一次高峰，这表明山岳型景区天气状况是游客不得不考虑的一个出行因素。"五台山在哪"没有特别的差异性规律。

（三）季节性特征

如图3.6所示，从每个季度的内部变化趋势来看：在春季中3月和5月的关注度较低，4月的关注度达到了一个波峰；夏季的关注度是稳步上升的；秋季中9月份的关注度已经出现下降趋势，10月份关注度

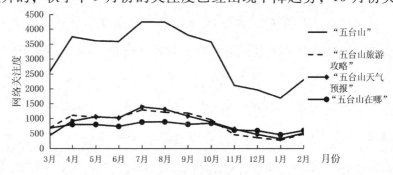

图3.6　四个关键词网络关注度季节变化对比

下降幅度较大；冬季从 12 月到次年 2 月关注度处于较低水平，2 月以后才有所回升。总体来看，前半年只有在 4 月份出现了一个关注度高峰；而在后半年，7 月和 8 月的关注度达到了一年中的最高值。五台山景区网络关注度季节性明显，与旅游淡旺季相匹配。

（四）年际特征

从图 3.7 可以看出"五台山""五台山旅游攻略""五台山天气预报""五台山在哪"这四个关键词的关注度都是逐年上升的。变化趋势基本相似，只是"五台山"的趋势变化更加剧烈，而其他三个关键词的变化趋势相对较平缓。

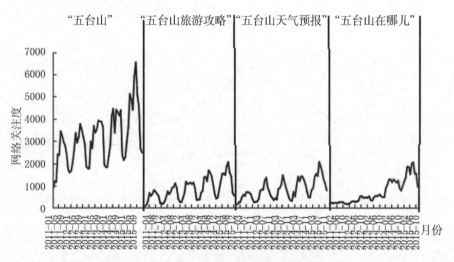

图 3.7　四个关键词网络关注度年际变化对比

（五）黄金周特征

图 3.8 和图 3.9 分别汇总了"五台山""五台山门票""五台山天气"这三个关键词在"五一"与"十一"期间网络关注度的变化。"五台山"在"五一"黄金周期间的整体网络关注度高于"五台山门票"和"五台山天气"，后两者关注度较接近。"十一"黄金周期间的

整体变化趋势与"五一"相似，差异在于"五一"期间关注度波峰在假期前，而"十一"在假期中，原因可能是"十一"的假期比"五一"长。

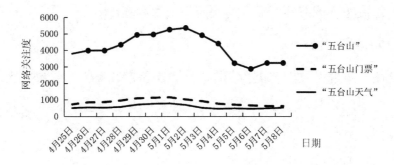

图3.8 三个关键词在"五一"期间网络关注度对比

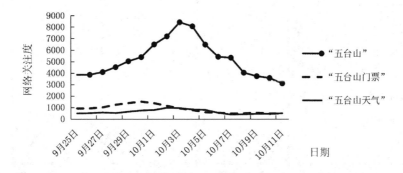

图3.9 三个关键词在"十一"期间网络关注度对比

（六）免票日特征

2013年山西省政府决定每年在中国旅游日（5月19日）、世界旅游日（9月27日）这两天实行免票政策。从图3.10、图3.11可知，"五台山"在免票日期间的网络关注度要远远高于"五台山门票"和"五台山天气"的关注度，三个关键词在免票日期间的变化趋势都是基本一致的。关注度最高峰都是在"十一"黄金周期间，在9月27日左

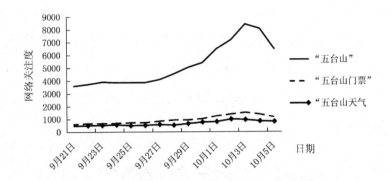

图 3.10 三个关键词在世界旅游日期间的网络关注度对比

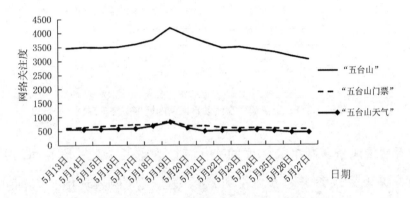

图 3.11 三个关键词在中国旅游日期间的网络关注度对比

右的变化特征不明显。免票日的日期与"十一"黄金周过于接近,所以导致免票日期间的关注度受"十一"黄金周影响,变化特征并不明显。但是,5月19日期间变化趋势明显,"前兆效应"显著,5月份天气适宜,适合外出游玩,所以5月19日期间关注度变化明显。

(七)法事、庙会等活动日特征

五台山风景区佛教法事、庙会活动全年约有15次,本书先取有代表性的农历六月初六至十五举行"大誓愿会"和"十寺法会"进行探讨。每年农历六月初六开始,景区在菩萨顶文殊院里搭建念经,到农历六月十四进入高潮，而到农历六月十六就由场地活动变为游行活动，仪仗队、大轿子、念经队伍、鼓乐队伍等有几公里长，形成了五台山六月大会的最高潮。图3.12显示，"五台山""五台山门票""五台山天气"三个关键词在活动日期间总体关注度的变化趋势相对平稳，变化幅度并不大。

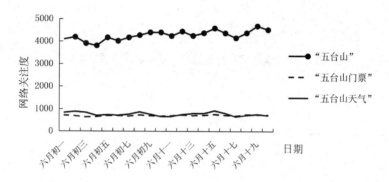

图 3.12　三个关键词在活动日期间的网络关注度对比

　　五台山风景区网络关注度的变化特征为景区未来一段时间的客流量预警决策提供参考。五台山风景区关注度周内表现出了"前兆效应"，即工作日关注度高，周末关注度低，景区工作人员应提前做好周六日客流量多的准备。月内表现出了月初、月末的关注度较月中高，所以景区工作人员应注重月初和月末这两个时间点的客流量，做好接待工作。从关注度上可以看出五台山风景区有明显的淡旺季，平衡淡旺季的客流显得很重要。同时要做好"黄金周""免票日""法事"等活动日的接待工作。景区工作人员可以根据景区的网络关注度对景区在这些活动日期间的游客量做出预测，提前做出应对方案。本书在探讨景区周时段、月时段、季节和年际网络关注度变化的同时，还探讨了"黄金周""免票日""法事"活动等时间段景区的网络关注度，使研究更加深入。

第三节　五台山风景区关键词网络关注度与空间分布特征

在旅游业的研究过程中使用百度指数数据分析，所得的成果表明了其数据的及时有效，但是目前人们借助它所进行的研究主要还是在单一时间维度上，而且相关研究的对象基本仍是围绕在景区线上网络关注度与线下旅游市场的关系上，本书以五台山风景区为研究对象，从关键词、三类搜索方式分析比较其网络关注度，并分析其空间分布特征。

一、网络搜索关键词与关注度

本书以五台山风景区为研究对象，选取与之相关的旅游关键词作为检索词，关键词的选取方法则是在百度指数首页中输入"五台山"这三个字，接着会直接显示人们在百度搜索中搜索量较高的十大关键词，分别是"五台山旅游攻略""五台山天气预报""五台山在哪""五台山旅游""五台山门票""五台山天气""五台山位于""五台山五爷庙""五台山地图""五台山住宿"。这十大关键词中涉及了"游"和"住"两个旅游活动的重要组成部分，另外，随着互联网的飞速发展，游客在出游前也会搜索游玩期间旅游目的地的天气状况、最佳旅游攻略、门票等，从而获取到有效信息。因此，我们选取了这十大关键词来分析它们的关注度。

研究时在百度指数首页搜索栏中逐个输入五台山的十大关键词，并在自定义时间段分别选择 2011 年和 2015 年的"五一"和"十一"这两个假期时间段，点击搜索，便可得到在相应时间段内各个关键词的关注度曲线，以及相应时间段内不同关键词在全国各省市的关注度排名。由于"五一"和"十一"假期客流量大，关注度起伏变化明显，具有代表性，因此选取这两个假期作为研究时段。

二、结果与分析

（一）关键词网络关注度对比

1. 十大关键词对比

2011 年和 2015 年"五一"期间（图 3.13）以及"十一"期间（图 3.14）五台山十大关键词关注度对比图可以看出："五一"和"十一"期间五台山十大关键词的网络关注度在数量上呈现明显的增长趋势，说明游客对这些关键词的搜索量越来越多，从而对五台山的关注度就越来越高。此外，从关注度的对比图中可知，"五台山旅游攻略""五台山在哪""五台山天气预报""五台山天气""五台山门票"以及"五台山旅游"这六个关键词排名始终位于前列，这说明游客对于怎么玩好五台山及五台山的天气变化更感兴趣；另外，"五台山旅游攻略"包含了景点、住宿、交通等要素，游客通过对它的搜索能获取更为全

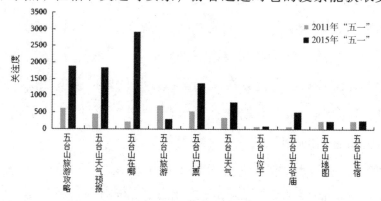

图 3.13　2011 年和 2015 年"五一"期间五台山十大关键词关注度

面有效的信息，这也是"五台山住宿""五台山五爷庙""五台山地图"关注度不高的原因。同时，"五台山在哪"这个关键词的搜索量变化是最为明显的，相较于 2011 年两个假期对"五台山在哪"的搜索量，在 2015 年的两个假期对于"五台山在哪"的搜索量猛增，说明越来越多的人开始了解五台山，五台山的知名度随之提高。

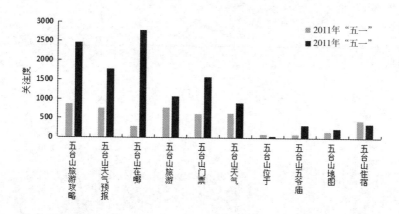

图 3.14　2011 年和 2015 年"十一"期间五台山十大关键词关注度

2. 三类搜索方式对比

三类搜索方式包括 PC 端、移动端以及两者合并的整体客户端。旅游者用不同的搜索方式来获取五台山的相关旅游信息，选取五台山景区关注度排名靠前的六个关键词来分析 2015 年"五一"及"十一"期间的网络关注度，囿于篇幅 2011 年不再作图分析。

如图 3.15 所示，从 2015 年"五一"期间五台山六大关键词的三种趋势图关注度可以看出：在"五一"假期来临前，六个关键词的整体趋势（即整体客户端的变化趋势）、PC 趋势（即 PC 端变化趋势）及移动趋势（即移动端变化趋势）都逐渐上升，但是"五台山在哪"及"五台山旅游"的 PC 趋势上升的特征并不明显。其中，六个关键词的 PC 趋势在假期前的关注度略高于在假期期间的关注度，而且在假期结

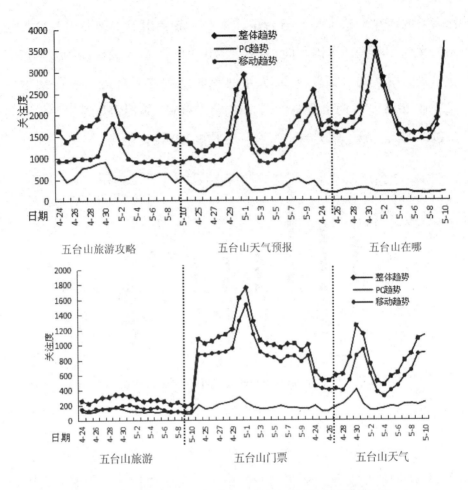

图3.15　2015年"五一"期间五台山六大关键词网络关注度

束后呈平稳的趋势，可能的解释是在假期出游前，人们会对感兴趣的关键词五台山使用电脑进行搜索，而在出游期间并不方便使用电脑，因此游客对于 PC 搜索的需求会降低。整体和移动趋势与 PC 趋势的差异在于：前者的检索高峰出现在 5 月 1 日至 5 月 3 日，原因可能是移动终端的使用所具有的方便性可以使游客在游览期间随时获取景区的相关信息，因此六个关键词在节日期间出现关注度最高值。并且，"五一"期间整体趋势与移动趋势同步变化。其中，"五台山旅游攻略"

"五台山旅游""五台山门票"在假期结束后的整体趋势与移动趋势进入一个平稳的低关注度状态,而"五台山天气预报""五台山在哪"和"五台山天气"的整体趋势与移动趋势在假期结束后则又出现逐渐上升的趋势,这可能是由于周末的到来使人们对这三个关键词的关注再次提高。此外,关键词"五台山旅游"的三种趋势均低于其他五个关键词,可能是由于"五台山旅游"更倾向于了解五台山风景区,而其他关键词都与游客迫切想知道的信息有关,因此对于它的关注度低于其他关键词。

2015 年"十一"期间五台山六大关键词的网络关注度从图 3.16 中可以看出:整体趋势与移动趋势大致相似,而且起伏较大,其中"五台山旅游攻略""五台山在哪""五台山旅游"以及"五台山门票"在"十一"假期期间出现关注度高峰,最高关注度值都在 10 月 2 日这一天;"五台山天气预报"与"五台山天气"的关注度高峰在"十一"假期之前的 9 月 30 日这一天,可能的解释是随着时代的发展,科技越来越进步,移动终端的便捷性,使得移动网络的使用越来越普遍,人们可以随时随地搜索自己感兴趣的信息,从而使得移动趋势和整体趋势的关注度高峰出现在假期。

与之不同的是 PC 趋势的走向,除"五台山在哪"之外的其他关键词的 PC 趋势的关注度高峰出现在"十一"假期前夕,这是由于人们在出游前要对目的地进行充分了解,做好行程规划,使得旅行有计划地进行,因此人们会使用电脑来搜索自己对五台山感兴趣的关键词;六个关键词关注度的三种趋势在"十一"假期结束后逐步进入低关注度状态。此外,"五台山旅游"的三种关注度趋势都低于其他的五个关键词关注度。

通过对 2011 年和 2015 年"五一"及"十一"期间五台山六大关

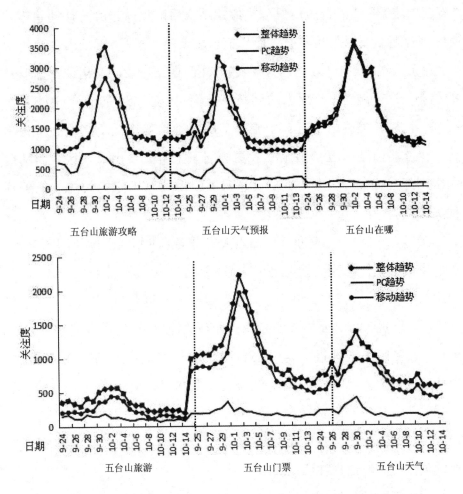

图 3. 16　2015 年"十一"期间五台山六大关键词网络关注度

键词的分析，可得出如下结论：六大关键词的关注度整体趋势在 2011 年"五一"和"十一"前后一周内的趋势与 PC 趋势同步变化，在 2015 年整体趋势则与移动趋势同步变化，这显示了移动终端已经成为人们出游进行检索的重要工具，而且在旅游业中的使用越来越广泛，逐渐占据主导地位；另外，PC 趋势的关注度高峰一般在假期前夕，移动趋势的关注度高峰则是在假期期间。

（二）关键词关注度空间变化特征

五台山关键词的网络关注度空间分布可以在一定程度上反映五台山风景区潜在的客源市场空间分布特征。在百度指数研究栏下的人群画像的地域分布显示一定时间段内研究对象关注度的省份和城市排名，但是只显示全国 PC 端排名前十的省份和排名前十五的城市，因此，为了使研究更具科学性和合理性，在这里选取 2015 年这一年内的五台山三个关键词的 PC 端关注度数据平均值来比较全国 34 个省份单位的关注度空间变化。此外，由于百度指数热点趋势并不显示每个城市的关注度数值，因此，对于城市的空间变化则采用百度指数地域分布中的 15 个城市排名。三个关键词选取的是搜索量高的"五台山旅游攻略""五台山天气预报"以及"五台山在哪"来研究。

1. 省份变化

利用百度指数研究栏下的热点趋势的 PC 趋势，查询全国 34 个省份在 2015 年内对"五台山旅游攻略""五台山天气预报"和"五台山在哪"的网络关注度排名的数据对比分析，如图 3.17 所示。

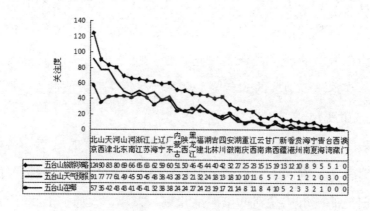

图 3.17　2015 年五台山三个关键词关注度省份分布

2015 年五台山三个关键词的网络关注度在全国各省份的分布上并没有太大差异，尤其是三个关键词关注度排名前十的省份。虽然每个关键词关注度的省份排名顺序不一样，但是北京、山西、天津、河北、山东、河南、浙江、江苏、上海、广东始终位于前列，尽管"五台山在哪"这个关键词出现了一个省份的变化，但也足以说明五台山景区网络关注度的空间分布是相对稳定的，这十个省份（除山西省外）的经济和人口都较为发达，出游率较高，因此可以说是五台山景区的核心客源市场。位于中间十名的省份，其三个关键词的关注度排名变化也不大，其中包括与山西相邻的省份陕西、内蒙古，而这两个省份在关注度上并没有比与山西省不临界的浙江、江苏等省份的关注度高，也没有进入关注度排名前列，这就说明了五台山景区关注度的省份分布并不受与景区距离远近的影响。三个关键词关注度排名在最后的十四个省份中，每个关键词关注度的省份排名不一样，但也相对稳定，说明了五台山景区在这十四个省份中的关注度并不高，原因可能是：偏远地区如新疆、甘肃、贵州、云南等省份的互联网发展比较滞后，西藏和青海对于"五台山天气预报"的关注度甚至出现零值；海南省虽然网络发展较快，但是其人口基数小，因此关注度数值比较低；香港、台湾、澳门的经济都较为发达，但是位于山西省的五台山深处大陆中部，在这三个地区的知名度不高，因此关注度数值低。

2. 城市变化

如表 3.6，从 2015 年五台山三个关键词关注度的城市排名中可以看出：对三个关键词中"五台山旅游攻略""五台山天气预报"的关注度排名前五的城市从高到低依次是北京、天津、太原、上海和石家庄，"五台山在哪"的关注度排名前两位也是北京和天津，之后是上海、郑州和西安，说明北京市、天津市和上海市的网民对五台山景区很感兴趣,因此关注度就高,同时这三个城市也是五台山景区的主要客源市场;其次,太原、石家庄、郑州和西安的关注度也比较高,这可能是因为这四个城市距离五台山较近,对到五台山旅游的需求比较大,搜索量比较高,因此关注度也比较高。排名后十的城市除了呼和浩特、运城、武汉和唐山这四个城市的三个关键词关注度有变化外,其他六个城市相对比较稳定。

表3.6　三个关键词关注度的城市排名

"五台山旅游攻略"关注度排名	城市	"五台山天气预报"关注度排名	城市	"五台山在哪"关注度排名	城市
1	北京	1	北京	1	北京
2	天津	2	天津	2	天津
3	太原	3	太原	3	上海
4	上海	4	上海	4	郑州
5	石家庄	5	石家庄	5	西安
6	郑州	6	忻州	6	杭州
7	保定	7	运城	7	苏州
8	济南	8	晋中	8	石家庄
9	晋中	9	保定	9	深圳
10	忻州	10	郑州	10	沈阳
11	呼和浩特	11	苏州	11	济南
12	杭州	12	杭州	12	广州
13	西安	13	广州	13	青岛
14	广州	14	济南	14	武汉
15	青岛	15	青岛	15	唐山

　　对五台山景区三个关键词关注度在省份和城市分布特征的分析,

为五台山景区扩大客源市场提供了依据。首先，五台山景区应该先稳住核心客源市场，适时地创新旅游产品，吸引回头游客；其次，对于潜在客源市场，一方面要加大宣传力度，树立品牌文化，另一方面还要分析游客心理，要提高景区形象，加深游客印象，从而介绍更多的人到五台山景区旅游；最后，对于对五台山景区关注度低的地区，可以从媒体新闻、广告推销等方面大面积地进行宣传，同时还可以进行一些对旅游产品的促销，在一些旅游网站或者旅游 App 上不定时地推出优惠价格，来吸引旅游者前来游览。

本书研究也存在一些不足。首先，游客出游时不仅限于用百度搜索来获取信息，本书的研究数据是基于百度指数数据分析平台进行分析，并不是以整个网络搜索系统为依据；其次，在关键词的选取上也是在百度指数搜索栏中选用了与五台山相关的十个关键词，它包含了"游"和"住"两大旅游活动要素，对旅游活动的其他四要素并没有一一对应，因此在这一方面还需要再做进一步深入的研究；最后，由于百度指数提供城市关注度数据的局限性，对于五台山景区的空间分布特征的分析只选取了 15 个城市作为分析对象，因此城市分布特征需进一步研究。

第四节　五台山百度指数与游客量的相关性分析

近年来，网络关注度与旅游客流之间的相关性问题获得了学术界的广泛关注，不少学者都对其进行了研究。黄先开等以北京故宫为例，通过对百度指数与旅游景区游客量的关系及预测研究，不仅增强了预测的时效性，还可以更加及时、准确地为故宫景区管理部门提供决策的依据。李世霞以青岛为例，研究基于百度指数的旅游目的地网络关注度影响因素；林志慧等对旅游景区网络关注度时空分布特征进行分析；杨莲莲、李陇堂基于百度指数的宁夏沙湖游客量的相关性分析，得出网络搜索量与实际游客量之间存在明显的正相关关系的结论，并结合沙湖景区实况提出相应的对策和建议。关于五台山景区管理的研究多数集中在游客满意度、网络关注度变化时空规律、旅游凝视、游客拥挤等方面。因此，本节运用皮尔森相关系数分析法，分析五台山景区游客量与百度指数的相关性，研究成果可以为五台山景区短期客流预测提供参考。

一、研究方法与数据采集

皮尔森相关系数是用来反映两个变量线性相关程度的统计量。相关系数用 r 表示，r 的绝对值越大表明变量的相关性越强。r 的取值在 −1 与 +1 之间，若 r>0，表明两个变量是正相关；若 r<0，表明两个变量是负相关。若 r=0，表明两个变量非线性相关。

下面内容则主要是数据采集。

（一）研究时间段选择

本书客流量数据主要来源于两个渠道：一是通过旅游网站和主题搜索等方法，二是根据已有数据通过同比增长进行推算，发现五台山景区在"五一""十一"节假日期间接待游客量与日常接待量相比有明显差异，其对应的百度指数差异明显。为此将时间节点选定为 2011—2015 年的"五一""十一"节假日，表 3.7 所示为 2011—2015 年研究时段五台山景区接待的游客量。

表 3.7　研究时段五台山游客量统计

时间段	游客量 （万人次）	数据来源
2015.5.1—2015.5.3	15.13	奇趣网①
2015.10.1—2015.10.7	12.19	中国网山西新闻①
2014.5.1—2014.5.3	20.07	新华网①
2014.10.1—2014.10.7	19.98	中国风景名胜区协会①
2013.4.29—2013.5.1	13.15	搜狐生活晨报①
2013.10.1—2013.10.7	33.1	山西经济日报①
2012.4.29—2012.5.1	12.6	和讯网新闻①
2012.9.30—2012.10.7	54.1	山西旅游新闻①
2011.4.30—2012.5.2	10.579	同比增长推算②
2011.10.1—2012.10.7	38.05	山西新闻网①

注1：①为旅游网站和主题搜索等方法。

注2：②为同比增长推算。

（二）初选搜索关键词

网络关键词选取是相关性分析的重要环节。旅游者在进行旅游决策时，通常会利用网络对旅游目的地进行信息查询，例如查询旅游目的地的"天气""交通""攻略""住宿"等相关信息，旅游者出行前比较关注"食""住""行""游""购""娱"这六个方面的信息。因此，从旅游活动的六要素入手选取关键词，选取"五台山""五台山旅游""五台山天气""五台山攻略""五台山位于""五台山五爷庙""五台山地图""五台山图片""五台山门票""五台山住宿"十个关键词作为初选关键词。

（三）选定关键词

收集五台山在 2011 年至 2015 年"五一""十一"节假日期间的实际游客量，运用百度指数提供的网络搜索量数据服务功能，统计出所选关键词在各研究时段的搜索量，然后借助 SPSS 数据分析软件，分析每个关键词与五台山景区实际游客量的相关性，如图 3.18 所示。

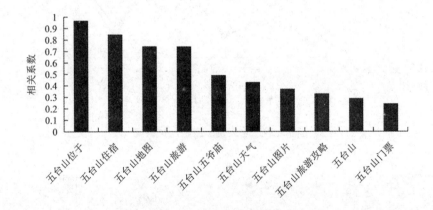

图 3.18 初选关键词相关系数对比图

我们从大到小排列了十个关键词相关系系数，将系数大于 0.70 的关键词筛选出来，作为最终关键词。最终将关键词确定为"五台山旅游""五台山地图""五台山住宿""五台山位于"共四个关键词。"五台山旅游"涉及五台山概况、资源、旅游交通、门票、开放时间、旅游指南、景区构成等概况，以及"食""住""行""游""购""娱"

这六大要素中的详细内容。"五台山地图"涉及景区线路、旅游专线、每个景点的具体位置和交通方式等。"五台山住宿"涉及酒店位置、房价、酒店设施、房型、预约房间以及客人对酒店评价等。"五台山位于"涉及五台山地理位置、与周边景区景点联系等。

二、相关性分析

四个关键词"五台山旅游""五台山地图""五台山住宿""五台山位于"的相关系数分别是 0.74、0.741、0.844、0.965，拟合效果见图 3.19 至图 3.22。

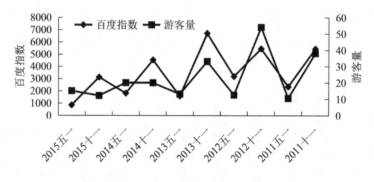

图 3.19　"五台山旅游"关键词

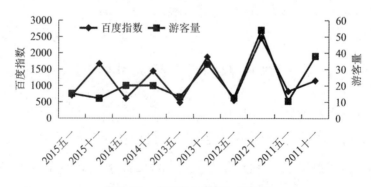

图 3.20　"五台山地图"关键词

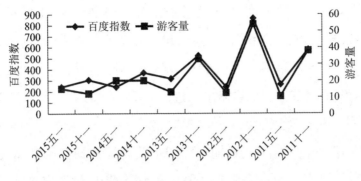

图 3. 21 "五台山位于"关键词

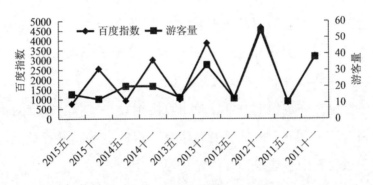

图 3. 22 "五台山住宿"关键词

四个关键词的网络搜索量与游客量之间的相关性可能受到距离和交通的影响，距离的远近和交通的便捷程度可以提高景区的可达性、可进入性。此外，游客也比较关注旅游地的住宿条件，住宿是构成旅游活动的重要组成部分，对旅游的整体感受起着重要作用。

2012 年"十一"期间，各个关键词的网络搜索量与五台山实际游客量的相似度非常高，五台山游客量达到了近几年同期最大值，主要有以下两个方面的原因：第一，2012 年是中秋节和国庆节双节叠加在一起放假，形成了为期八天的小长假，使游客量达到一个峰值；第二，2012 年的中秋、国庆假期，是国务院出台小型客车免收高速公路费政策执行的第一个长假，使得短途旅行和自驾游游客迅速增长。其中，"五台山旅游"与实际游客量之间的相似度低于其他关键词，景区游客类型多为自驾游和散客，对五台山景区的具体位置、路线等方面较为关注，产生了旅游单项信息需求，进而对于关键词"五台山位于""五台山地图"的搜索量比较高。

2015年"十一"节假日期间，四个关键词的相似度都比较低，是由于2015年4月2日五台山景区等9家5A级景区被国家旅游局公开予以警告处分；9月14日中央电视台《焦点访谈》曝光批评了五台山风景区在省道设卡和收取过境人员的进山门票费用等一系列违法违规行为。旅游乱象对五台山景区的形象造成了严重的影响。因此，游客量明显减少，搜索量降低，相似度也降低。

上述结论在一定程度上可反映出百度指数与实际游客量的相关性。研究结果对于预测五台山景区游客量有一定的借鉴和参考意义。因此，我们对于景区管理也能得到一些启示。

（一）优化旅游官网内容

将五台山景区官网与中华十大名山的旅游官网进行对比，发现五台山景区在旅游官网的设计、制作方面存在一些问题。打开五台山景区旅游官网，会看到官网提供的信息量非常大，版块非常多，例如新闻中心、出游宝典、网友游记、出游工具、五台山申遗、五台山传说、五台山名寺、本月推荐酒店、用户排行、网站统计、佛教文化、下载更新、最新留言、最新调查、用户登录等版块。网站内容非常多，视觉上杂乱无序，让人眼花缭乱，无从下手。而四川峨眉山景区在这方面做得比较好，将每一个版块都用相应的图标代替，简洁清楚，让人一目了然，点击图标即可进入详细页面了解需要的信息。因此，五台山景区也应将旅游官网进行优化，吸取峨眉山景区官网的优点，将五台山景区旅游官网首页制作得简洁明了，方便游客进行相关信息的查找和浏览。

(二) 创建五台山互动平台

游客在出行前会进行各方面信息的查找，但更多的是去浏览该景区的游客评论、游记等，他们认为这些信息对于出游更有参考价值，更愿意与这些游客进行交流，听取他们的建议。因此，五台山景区应当在旅游官网中创建"五台山互动区"版块，方便游客在此平台上进行互动、交流。在这个版块中，可以设立"摄影之家""网游游记""留言板"等栏目。在"摄影之家"游客可以上传在五台山参观游览时拍摄的风景照片，并与大家分享他的所见、所闻、所感、所获；对于比较爱好写文章、游记的游客，可以在"网友游记"栏目中写下自己游玩时的点点滴滴。五台山互动区不仅可以为不同地域、国家的游客提供信息交流的平台，对于五台山景区管理者来说也具有重要的意义，管理者可以通过查看网友游记、留言等，从中发现景区发展过程中存在的问题和不足，便于景区及时做出修整和制定相应措施。

(三) 景区全面覆盖无线网络

景区全面覆盖无线网络作为一项科技手段，对于景区的可持续发展起着促进作用。首先，景区覆盖无线网络将会给游客带来更好的体验。其次，提升智慧景区建设水平，同时也能提升景区的档次和形象。此外，景区还可以进行无线广告的宣传、天气信息的实时推送。结合微信认证，增加景区公众号微信关注量，不仅可以提高景区的营销能力，同时也可以降低营销成本。五台山景区天气总是阴晴不定，使用无线网络实时推送天气信息，不仅可以方便游客出行，而且在遇到突发天气时，也可以保证游客的人身安全。因此，景区全面覆盖无线网络是非常有必要的。

本章小结

为了解山西居民对省内景区需求特征，本节共收集 2016 年山西省 35 个 4A 级及以上景区的百度指数，运用回归方法建立旅游需求模型，探究了山西省居民对本省景区旅游需求时空特征及影响因素。结果表明：（1）时间特征表现为：年内居民对景区旅游总需求呈山峰型变化，单个景区旅游需求时间特征表现为单峰型、双峰型和多峰型三种类型。单峰型景区和双峰型景区主要受景区旅游资源特征和气候舒适度的影响，旅游需求季节性差异明显；多峰型景区主要受节假日的影响，季节性差异相对较小。（2）空间特征表现为：居民旅游需求主要集中在以五台山为中心的晋北地区，其次是以平遥古城和乔家大院为双中心的山西中部地区，最后是以壶口瀑布为中心的晋西南地区。不同地区居民均对 5A 级景区和本地景区有较强的偏好。影响因素包括景区等级、景观多样性、交通距离以及经济发展水平等。本书的研究结果为省内景区旅游营销提供了参考。

为了解五台山景区网络关注度时间变化特征，本章运用百度指数，通过关键词搜索，分析了五台山 2011 至 2015 年这五年间五台山景区不同时间段的网络关注度。结果表明：五台山景区年际关注度变化为逐年上升；季节关注度变化为旺季关注度高，淡季低；月内关注度变化为月初和月末高，月中低；周内工作日关注度高，周末低；黄金周期间的关注度是在假期前不断升高达到最大值，在假期后关注度降低；"世界旅游日"免票日期间关注度变化趋势不明显，而"中国旅游日"

免票日期间的关注度变化趋势非常明显；法事、庙会等活动日期间网络关注度并无明显特征。五台山网络关注度在周内变化、黄金周期间和免票日期间都具有明显的"前兆效应"。研究结论可为五台山景区未来一段时间客源与客流量预测提供参考。

五台山景区关键词网络关注度与空间特征表现为：不同关键词关注度具有差异，"五一"和"十一"期间关注度排名均有差异，关键词"五台山旅游攻略""五台山天气预报""五台山门票""五台山在哪""五台山旅游"和"五台山天气"的关注度始终排在前列；比较三类搜索方式可知，2015 年网络关注度的整体趋势与移动趋势同步变化，PC趋势在假日之前出现关注度高峰，移动趋势在假期期间出现关注度高峰。在空间分布特征上，北京、山西、天津、河北、山东、河南、浙江、江苏、上海、广东是五台山景区的核心客源市场；东北、华中地区是五台山景区的潜在客源市场；西北、西南和华南地区对五台山的关注度不高，应做好宣传工作，提升知名度。

对五台山景区的游客量与百度指数的网络搜索量进行相关性分析。研究结果发现：关键词"五台山旅游""五台山位于""五台山地图"和"五台山住宿"关注度比较高，与实际客流量相关系数均大于 0.7，存在着明显的正相关性。研究结论可为五台山景区短期客流预测提供参考。

参考文献

[1] 李山，邱荣旭，陈玲. 基于百度指数的旅游景区网络空间关注度：时间分布及其前兆效应 [J]. 地理与信息科学，2008，24 (6)：102 – 107.

[2] 卢文月. 基于百度指数旅游景区假期网络关注度特征研究：

以浙江省5A级景区为例 [J]. 旅游论坛, 2015, 8 (4): 85 - 91.

[3] 蔡杰. 基于百度指数的旅游地景观关注度比较研究——以杭州"西湖十景"为例 [J]. 资源开发与市场, 2015, 31 (6): 756 - 759.

[4] 李世霞, 田至美. 基于百度指数的旅游目的地网络关注度影响因素分析——以青岛为例 [J]. 首都师范大学学报 (自然科学版), 2014, 35 (1): 56 - 59.

[5] 潘丽丽, 卢文月. 基于百度指数旅游景区假期网络关注度特征研究——以西湖风景区为例 [J]. 北京第二外国语学院学报, 2015, 37 (9): 67 - 74.

[6] 龙茂兴, 孙根年, 马丽君, 等. 区域旅游网络关注度与客流量时空动态比较分析——以四川为例 [J]. 地域研究与开发, 2011, 30 (3): 93 - 97.

[7] 黄先开, 张丽峰, 丁于思. 百度指数与旅游景区游客量的关系及预测研究——以北京故宫为例 [J]. 旅游学刊, 2013, 28 (11): 93 - 99.

[8] 林志慧, 马耀峰, 刘宪峰, 等. 旅游景区网络关注时空分布特征分析 [J]. 资源科学, 2012, 34 (12): 2427 - 2433.

[9] 刘月红, 黄远水. 福建永定土楼网络空间关注度的时空演变——基于百度指数的分析 [J]. 乐山师范学院学报, 2014, 29 (1): 62 - 66.

[10] 赵鹏宇, 冯文勇, 张慧等. 世界文化景观遗产型旅游目的地形象感知研究——以五台山为例 [J]. 中南林业科技大学学报 (社会科学版), 2015, 9 (4): 44 - 49.

[11] 李婷. 基于游客感知的《旅游法》遏制旅游乱象实效研究

[J]. 中南林业科技大学学报（社会科学版），2015，9（5）：32－35.

[12] 马丽君，孙根年，杨睿，等. 城市气候舒适度与游客网络关注度时空相关分析 [J]. 地理科学进展，2011，30（6）：753－759.

[13] 雷平，施祖麟. 我国国内旅游需求及影响因素研究 [J]. 人文地理，2009，24（1）：102－105.

[14] 王瑾. 中国国内旅游市场需求的影响因素分析 [J]. 产业经济，2008，（6）：30－32.

[15] 林志慧，马耀峰，刘宪锋等. 旅游景区网络关注度时空分布特征分析 [J]. 资源科学，2012，34（12）：2427－2433.

[16] 普拉提·莫合塔尔，伊力亚斯·加拉力丁. 新疆旅游景区的网络关注度时空特征——基于百度指数的分析 [J]. 黑龙江民族丛刊（双月刊），2016，（2）：81－85.

[17] 马丽君，郭留留. 基于网络关注度的北京市居民对 5A 级景区旅游需求时空特征分析 [J]. 干旱区资源与环境，2016，31（10）：203－208.

[18] 马丽君，龙云. 基于网络关注度的湖南省居民旅游需求时空特征 [J]. 经济地理，2017，37（2）：201－208.

[19] 孟思聪，马晓东. 基于百度指数的连云港旅游网络关注度研究 [J]. 旅游论坛，2017，10（05）：102－115.

[20] 李世霞，田至美. 基于百度指数的旅游目的地网络关注度影响因素分析：以青岛为例 [J]. 首都师范大学学报（自然科学版），2014，35（1）：56－99.

[21] 张晓梅，程绍文，刘晓蕾，等. 古城旅游地网络关注度时空特征及其影响因素：以平遥古城为例 [J]. 经济地理，2016，36（7）：196－202.

[22] 赵鹏宇，崔嬿，常咪. 五台山景区关键词网络关注度与空间分布特征 [J]. 中南林业科技大学学报（社会科学版），2016，10 (5)：78 –84.

[23] 赵鹏宇，崔嬿，沙丽楠. 五台山景区网络关注度时间变化特征 [J]. 旅游研究，2016，8 (6)：38 –44.

[24] 陆林. 山岳风景区国际旅游经济效益探析——以黄山国际旅游业为例 [J]. 旅游学刊，1991，6 (1)：39 –43.

[25] 孙根年. 国际旅游支付方程、支付等级与旅游偏好 [J]. 地理学与国土研究，2001，17 (1)：55 –54.

[26] 马丽君. 中国典型城市旅游气候舒适度及其与客流量相关性分析 [D]. 西安：陕西师范大学，2012.

[27] 孙根年，冯茂娥. 西部入境旅游市场竞争态与资源区位的关系 [J]. 西北大学学报（自然科学版），2003，33 (4)：459 –463.

[28] CNNIC 发布第 43 次《中国互联网络发展状况统计报告》 [DB/OL]. 中国互联网络信息中心，2016 –01 –22.

[29] 黄先开，张丽峰，丁于思. 百度指数与旅游景区游客量的关系及预测研究——以北京故宫为例 [J]. 旅游学刊，2013，28 (11)：93 –99.

[30] 李世霞，田至美. 基于百度指数的旅游目的地网络关注度影响因素分析——以青岛为例 [J]. 首都师范大学学报（自然科学版），2014，35 (1)：56 –59.

[31] 林志慧，马耀峰，等. 旅游景区网络关注度时空分布特征分析 [J]. 资源科学，2012，34 (12)：2427 –2433.

[32] 杨莲莲，李陇堂. 基于百度指数的宁夏沙湖游客量的相关性分析 [J]. 旅游纵览（下半月），2014 (07)：228 –230.

［33］赵鹏宇，崔嬗，张慧，等. 基于网络评论的山西世界遗产旅游地游客满意度研究［J］. 山西师范大学学报（自然科学版），2016，30（3）：64－69.

［34］白玫，赵鹏宇，宋强. 游客对于佛教景区的凝视——以五台山为例［J］. 忻州师范学院学报，2017，33（6）：21－25.

［35］刘丽芳，田婉婷，赵鹏宇. 五台山风景区游客拥挤感知影响因素分析［J］. 忻州师范学院学报，2018，34（6）：46－49.

第四章

五台山风景区旅游产品升级

旅游产业升级必须抓住加快旅游产品升级转型、培育新业态消费群体这一核心内容。加强文化和旅游的深度结合，深入挖掘旅游资源的文化内涵，提升旅游产品的文化品位，是旅游业加快转型升级步伐，实现差异化、品牌化，进而提高游客满意度的必然选择。文旅融合下旅游业态以服务型消费为主，以体验型、文化型、高品质为主要特征，与其匹配的消费群体转变为更加高质量、更加全面的中高端消费。

《山西省太行板块旅游发展总体规划》（晋政办发〔2018〕58 号）确定的定位是：北太行片区以五台山为全域旅游核心，推进五台山世界旅游目的地，打造山西太行重要旅游集散地。立足五台山丰厚的物质文化遗产和发展成果，充分发挥自身的宗教文化、自然风光、清凉气候、地质科考等优势，加强五台山文化、景观等宣传、推介、完善旅游服务设施，围绕文化旅游产业发展新趋势、新特点打造新业态，形成新优势，支持景区及景区内企业做大做强。拓展辐射周边，形成涵盖五台、繁峙、代县、定襄的大五台山旅游圈，构建集宗教文化、观光游览、休闲度假、温泉养生为一体的复合型旅游目的地。

文旅融合背景下提升五台山旅游产品有效供给，加快乡村旅游、红色旅游、研学旅行、康养旅游等旅游新业态新产品建设，充分挖掘文旅产品内涵，多层次、全方位培育与之匹配的旅游消费市场，促进产业升级。

第一节　佛教文化旅游产品升级

一、五台山佛教文化旅游产品概述

（一）文化旅游产品

文化旅游产品同其他的旅游产品一样，都是在资源的基础上开发出来并满足人们对文化方面的需求，例如在旅游活动中，人们可以从中进行历史、文化或者自然科学的考察、交流与学习等活动。这种类型的产品就属于文化旅游产品。

文化旅游产品可以是实物，也可以是非物质性形态。例如，精神层面的产品能带给人们需要的知识信息，满足人们的求知性，具有信息性和服务性；一般情况下文化旅游产品是不以人的意志为转移的，而且是一个地方所特有的，因此具有不可转移性和稳定性；文化旅游产品需要不断地被注入新的思想和活力，才能满足人们日益增长的精神需求，具有创新性。

（二）佛教文化旅游产品

佛教文化旅游产品是商品化的佛教文化，是指由专业人员从一般佛教文化中挖掘或设计出来，满足旅游者在佛教景点旅游过程中的需要，并引发旅游者直接或间接的旅游活动的产品。与其他旅游产品一样，佛教文化旅游产品也有其产品开发的主体内容，它是具有两方面性质的产品,一种是物质层面的,另一种是精神层面的。两个层面的内容使佛教文化旅游产品具有丰富性。

(三) 五台山佛教文化旅游产品现状

对五台山佛教文化旅游产品可以从两方面来分析。从物质层面来看,五台山佛教文化旅游产品可以指当地精美的佛教建筑和琳琅满目的艺术珍品以及其他可供游客观光游览的物质产品,这也是目前五台山佛教文化旅游产品的主体部分;从精神层面来看,指五台山在文化定位、形象打造等方面给人们带来精神方面的享受,佛教旅游活动发展成为人们的精神寄托,人们可以借此来放松身心,缓解工作和生活带来的压力,从而对宗教产生信仰和尊崇。具体分类见表4.1。

表4.1 五台山佛教文化旅游产品分类表

类型		代表性事物
物质性产品	建筑	显通寺、南禅寺、菩萨顶、塔院寺、罗睺寺、佛光寺等
	素食	素食文化很吸引人,著名斋食有"金粟供佛""慈航普度"等
	雕塑	铜雕、石雕、泥塑等
	器物	卜算的一些宗教器物会逐渐演变成吉祥物
	音乐	特色浓郁,分青庙音乐和黄庙音乐两派
	佛珠	有降龙木、六道木等
精神性产品	朝拜活动	朝山进香活动
	神话传说	中台顶龙翻石、文殊菩萨东海化缘巧取歇龙石等
	佛教节日	有佛诞节法会、文殊诞辰节、传戒法会等,最大的法会是六月大法会

从表4.1中可知,五台山佛教文化旅游产品类型较为丰富,发展潜力大,但对精神性旅游产品的开发还很有限。因此需要对这类型的产品进行深入开发,深入挖掘佛教文化内涵。

二、五台山佛教文化旅游产品升级条件分析

（一）有利条件

1. 地理位置优越

五台山位于山西省忻州市五台县境内东北方向，西南距省会太原市 230 公里，距忻州市 150 公里，西隔黄河与陕西省相望，东部以太行山与河北省相邻，北部以内长城、恒山为分界线，南至晋中与省会太原接壤，区位优势明显。另外，五台山旅游区在山西省内处于各大文化旅游景区的中间位置，处在山西旅游的"龙头"位置。周边有大同佛教文化旅游区，忻州奇村、顿村休闲度假旅游区，晋西北黄河文化旅游区，晋中晋商文化旅游区等，空间上有着良好的景区合作条件，外部五台山可成为京、津、冀的后花园，旅游市场前景广阔。

2. 佛教文化旅游资源丰富

五台山发展历史悠久，有两千多年的发展历史。佛教文化资源丰富，体现在两方面。一是佛教旅游资源数量多，种类丰富。五台山佛教发展历史悠久，极盛时期寺庙建筑多达 360 余座，目前这里保存有多种不同形式的寺塔、庙宇、楼台，多数都为佛教艺术的精品，是展现中国佛教艺术的高超杰作。二是旅游资源集群状况好。如果一种旅游资源有一定的质量和游览价值，但是在一定地域范围内比较孤立，而不能和其他景点构成一系列景观群，那这样的资源旅游价值就不大。五台山景区内各景点分布相对集中，地域分布比较合理，这样的资源更具有旅游价值，而且能给游客带来极大的方便，也便于旅游线路的设计。这些条件决定了五台山的佛教文化旅游资源有很高的历史、文化、科学价值，开发潜力大；会对旅游产品开发产生很重要的影响，决定着旅游产品的方向定位，同时资源的丰富也创造了浓厚的佛教文

化氛围。

3. 市场前景广阔

随着文化旅游的发展以及游客自身文化修养的提高，越来越多的游客在进行多次观光旅游、度假旅游后也渴望着通过其他方式的旅游活动来使身心得到放松，而宗教旅游内涵丰富，属于一种新的旅游活动形式，自然而然会被广大消费者接受。

市场上出现的任何旅游产品都是以市场需求为开发条件，开发产品的目的就是为了适应市场需求，从而使产品在市场上有一定的立足之地。五台山地理位置优越而独特，这就决定了它拥有广阔的市场空间。从国内来看，华北、华东、东北为五台山主要客源市场。五台山作为佛教型、遗产型、山岳型景区，知名度较高。近年来旅游人次逐年增长，旅游市场前景广阔。从国际来看，五台山文化海外传播源远流长，入境游客以欧洲、美国、日本、韩国为主。

4. 交通便利

近年来五台山旅游交通有了长足的发展。进入景区的外部交通顺畅高效，周边机场、铁路、高速公路布局已成网络状。航空方面，五台山机场现在已正式通航，到 2018 年 3 月，通航航班增加到 12 条，还开通了桂林、上海、海口、重庆、昆明、济南、天津、银川等重要城市航线。铁路方面，五台山站在繁峙县砂河镇，距台怀 51 公里，是现有铁路中离五台山景区最近的火车站。从北京、太原、大同等地来五台山均可乘坐火车到达五台山站进入景区，另外忻州至雄安的高铁已在规划中，五台山景区将设高铁站，极大地增加五台山与京津冀客源市场的对接。公路方面，忻阜高速、天黎高速、灵河高速围绕景区周边，极大方便了自驾游旅行。北京、太原、石家庄、大同、忻州等地的长途客运站都有发往五台山的长途旅游车。

5. 佛教文化氛围浓厚

五台山浓厚的佛教文化氛围不仅得益于丰富的佛教文化旅游资源，还在于各种形式的佛教庙会节事活动，如五台山独特的九大佛事节庆活动，每年还举办五台山佛教文化节。此外，山内僧人的暮鼓晨钟、早晚功课、讲经说法、传讯受戒也为五台山增添了佛文化的韵味，让游客能全身心地参与到佛教文化旅游中，真正领悟佛教文化的内涵。表4.2列举了五台山主要的佛事活动及节日。

表 4.2　五台山主要佛事活动及节日

纪念日	农历日期
除夕贴窗花、垒旺火、撞钟、放禄马等民俗活动	腊月二十至次年正月二十，活动地点以家庭旅社为主
释迦牟尼佛出家日	二月初八
释迦牟尼佛涅槃日	二月十五
观音菩萨圣诞日	二月十九
文殊菩萨圣诞日	四月初四
释迦牟尼佛圣诞日	四月初八
骡马大会	六月初一至月底，五爷庙唱戏一个月
跳布扎	六月十五前后，活动主要在菩萨顶、罗睺寺
观音菩萨成道日	六月十九
大势至菩萨圣诞日	七月十三
观音菩萨出家日	九月十九
药师佛圣诞法会	九月三十
达摩祖师圣诞法会	十月初五
阿弥陀佛圣诞法会	十月十七
释迦牟尼佛成道日	腊月初八

6. 政府政策支持

2012 年五台山多轮齐驱打造国际旅游胜地，对基础设施、旅游环境、景区及产品的宣传促销等方面都做了包装。2015 年五台山大力整治景区旅游秩序以提升服务质量，同年，各级政府对五台山的旅游环境问题做出整治批示，强调高度重视五台山保护建设发展；2016 年创建五台山智慧旅游景区，并出台具体方案措施；2017 年山西省政府提出发展"新三板"旅游，五台山是北太行旅游规划的中心，在全域旅游发展大背景下，政策支持力度将不断加大。

（二）不利条件

1. 地理环境复杂

五台山境域内地形极其复杂，高低悬殊，山脉河流众多，沟壑纵横，地质古老。在这样的地形条件下，交通条件虽有所改善，但相较于其他景区来说内部交通不便，景区面积较大但核心景区面积较小，旅游流动受限。另外，地形复杂也为景区内的设施建设出了一个难题，修建规模稍微大一点的设施就很容易破坏生态环境，而且建设难度也会增大。同时，雨季旅游通道常遭受地质灾害的困扰，崩塌、滑坡不时堵塞道路，增加了旅游安全风险管控。

2. 资金投入有限

旅游开发以及旅游产品升级都是需要投入大量资金的，而在山西旅游产业的发展过程中，缺乏持续稳定投资是长期存在的问题。五台山旅游经济活动的发展在很大程度上倚靠政府的资金支持，资金投入渠道与方式远不能满足五台山旅游发展的需要。近几年，由于申报世界自然和文化遗产，各级政府对五台山的支持力度加大，基础设施有很大提升，但产品升级所投资金很有限。因此台顶生态旅游得不到开发和利用，一定程度上制约了景区发展。

3. 景区服务管理存在不足

景区政府在规范市场秩序、整治旅游环境和交通秩序等方面做了大量工作，经营管理秩序、环境脏乱差的问题基本得到解决。但旅游管理服务的软环境还有较大提升空间，智慧旅游发展不尽成熟、新业态管理服务人才匮乏等问题短期难以解决。

4. 产品升级基础不强

鉴于自身丰富文化景观遗产，五台山旅游产品类型主要是以观光型为主，文化旅游产品低端化、静态化、同质化，季节性明显，产品结构单一，在产品设计、形象设计等方面都缺乏外部企业参与，满足不了人们多样化的旅游需求，对精神消费产品开发理念不强，因此对旅游资源的深度开发势在必行。

三、五台山佛教文化旅游产品开发的对策

（一）注重开发，兼顾保护

注重对五台山佛教文化资源的深度开发。除了观光型的建筑资源以外，要深入开发其他佛教资源，重视精神性旅游文化产品的开发，充分挖掘其佛教文化内涵，开发出体现五台山佛教文化且内涵丰富的旅游产品，但是在开发的同时，要注重旅游资源及生态环境的保护，做到开发与保护并重。欧洲国家对待文化资源的态度和做法值得我们重视，以德国著名文化之都的德累斯顿为例，二战的轰炸使它的建筑以及基础设施遭到了极大的破坏，损失惨重，但经过不懈地修复与重建，它又奇迹般地恢复了往昔的历史文化风貌，将其文化魅力再次呈现在世人面前，如今，它已经成了德国十大城市之一，吸引了来自世界各地的大量游客。因此要正确评估文化旅游资源价值，实现文化旅游的可持续利用。

（二）开拓创新，提供多样化旅游产品

文化旅游产业属于创意产业，需要整合资源、市场、社会环境等要素进行创新，来满足旅游者的需求。因此五台山景区应致力于文化

产业的开拓创新，同时注意加强社区参与，鼓励人们积极参与到文化旅游发展的决策中去，开展多种形式的文化活动，开发出更多具有新意的佛教文化旅游产品来满足人们的求异心理，以提高市场占有率。面对大众游客，应广泛普及佛教文化知识内涵，让大众都了解到佛教文化的丰富性，通过展览馆、文化演艺等形式展现佛教文化的独特魅力，丰富旅游产品。

（三）树立产品品牌意识

当前旅游市场上的旅游产品日益丰富，如何建设品牌与管理品牌显得尤为重要，比如苹果公司、国际酒店品牌等。这些产品虽然和佛教文化产品在性质上存在区别，但可以借鉴其创立品牌的方法让自己的品牌在市场上有一个明确的市场定位，进一步完善自己开发产品的条件，明确自己的目标市场，开发出一系列能满足市场需求的具有自身特色的产品，打造属于自己的产品品牌，并在文化市场上树立好形象，提供优质服务，在这一点上率先占据优势。同时要加大宣传力度，可以借助媒体、报纸、杂志等多种方式推广品牌，以优质服务、优质产品质量为品牌之本，注册品牌商标，保护品牌。

第二节　文创产品构思与应用

文创，即文化创意产业的缩写。文化创意产业是指依靠创意人、设计师的智慧、技能和天赋，借助于高科技对文化资源进行创造与提升，通过知识产权的开发和运用，产生出高附加值产品的具有创造财富和就业潜力的产业。联合国教科文组织认为文化创意产业包含文化产品、文化服务与智能产权三项内容。

　　文创产品就是创意价值的产品化。各种艺术品、文化旅游纪念品、办公用品、家居日用品、科技日用造型设计等都可能成为文创产品。一个新鲜的创意让一件产品附加上超出用户期待的文化艺术价值、智慧创意价值，让大众心甘情愿地接受并产生购买行为，便是文创产品通行天下的理由。

　　2016 年 5 月，国务院办公厅转发文化部等四部门《关于推动文化文物单位文化创意产品开发的若干意见》，吹响了文化、文物单位文创产品开发的新号角。紧接着，我省将山西博物院文化创意发展中心和山西省图书馆文化创意发展中心等 14 个单位确定为省级文化单位文创产品开发试点，享受国家级试点单位同等相关政策支持。文创发展中心成立后，率先用好国家和山西省有关文创产品开发试点工作的政策，探索开启全新的文创产品开发模式，致力于深度挖掘馆藏资源的价值内涵，提取文化元素，延伸文创产品链条，讲好山西故事，力争为打造具有山西文化特色、山西形象传播力与国际市场竞争力的文创品牌探索开发路径，总结成功经验。

一、五台山文创产品研发的必要性

　　中国迈入"中国梦"的伟大复兴时代。随着人们生活水平的提高、技术的进步、社会的发展，中国人均消费水平又将步入一个新的时期，在消费者对物质的追求基本满足以后，精神层面的消费需求开始呈现大幅增长，尤其是文化的传承开始引起社会的广泛重视与认可，如民俗文化产品、故宫文化产品等。

　　随着生活质量的提高，人们越来越注重旅游过程中精神层面的需求。五台山遗产体量决定了可研发的文创产品非常丰富，基于对五台山的文化定位、形象设计等内容的研究，设计开发五台山文创产品，是扩充五台山旅游产品发展张力的重要举措，同时也是实现五台山旅游景区可持续发展的重要途径。五台山相关产品现在存在设计差、互联网化几乎没有、渠道整合不足的困境，现有产品同质化竞争严重，且没有走出五台山，更没有把五台山的文化体现在产品中。现有的产品公司或文化公司，基本都来自当地。资源同质化严重，思维模式雷同，更没有互联网化。依靠强大的设计能力、互联网资源与整合的渠道资源，将现有产品重新设计，赋予产品购买行为的异地性、文化商品的有形性、商品的纪念性以及商品的轻巧性和便携性，并且依靠线上与线下的结合，将文化与产品迅速推广到更大的市场与更多的平台。

二、五台山文创产品 App 构思

五台山文创产品的设计与开发是一个浩大的工程，是需要社会各界力量共同参与的巨大产业，需要整合社会资源、高校师资以及学生资源，依托"产学研"一体化思路，整合高校师生、忻州本土非物质文化遗产传承者、艺术家、文化从业者、手工艺匠人群体。构建五台山文创的宣传、推广、学习、交流的创意平台，旨在摸准市场脉搏、找准研发路径、推动文创发展。

因此，首先要打造一个五台山文化创意平台。现在是互联网时代，人们更倾向于线上了解产品、线下体验并购买的方式。因此可设计关于五台山文创平台的 App。

中国历史上著名的长卷画面有"清明上河图""千里江山图"等，其文化地位和艺术价值不可估量。因为长卷画面可以展示更多的画面细节，可以承载更多的内容，因此我将五台山文创 App 的表现形式定位成一幅涵盖五台山风景全貌的长卷轴。并且区别于现有著名长卷的构图形式，进行竖画面构图，便于在手机终端上进行上下滑动浏览。

具体构思分为以下几方面。

（一）五台山文创 App 平台："五台山礼物——AR 卷轴"

"五台山礼物卷轴"是五台山文创产品的最终平台。卷轴由著名画家绘制五台山风景全貌，涵盖旅游、餐饮、住宿、寺庙、文创产品五大板块，囊括五台山景区内著名景点、寺庙、酒店、美食、虚拟文创礼品店等，同时以 VR/AR（虚拟现实增强现实技术）的方式呈现。用户可以通过手机扫描卷轴来预体验以上产品和服务，并可以一键下单。

（二）"五台山礼物——AR 卷轴"价值

AR 卷轴为用户提供主动体验式的创意服务。产品同时具备了礼品属性和实用功能属性。

礼品属性：虽然礼品饰品店遍布大街小巷，但是每当碰到朋友生日、各大节日，人们仍然为挑选礼物绞尽脑汁，因为要做到既能传情又有新意，着实并不容易。尤其现代人的生活更注重精神层面的需求，从 2017 年以来，"佛系"产品逐渐受到人们的青睐。

实用属性：AR 卷轴涵盖五台山的旅游、餐饮、住宿、寺庙、文创等诸多产品。用户可以使用手机扫描卷轴，看到上述产品和服务的 AR 展示，从而达到预体验的效果。用户进而可以使用手机对上述产品和服务进行购买。

同时可整合五台山部分现有的产品和服务，并进行严选，保证用户在 AR 卷轴里购买到的产品和服务物美价廉。

（三）"五台山礼物——AR 卷轴"线下产品整合

五台山旅游风景全貌展示：重点寺庙及景点 VR/AR 虚拟展示，可实现线上拜佛祈福功能。五台山地区食品：五台山素饼、五谷杂粮、台蘑、禅茶等。五台山特色纪念品：旅游印刷品、旅游工艺品、文物古玩及其仿制品等。五台山佛教用品：六道木佛珠、佛像、唐卡等。五台山酒店：特色酒店如万豪酒店、不二朴院、妙吉祥禅院等。五台山旅游：整合市旅发委、旅行社的资源，为 AR 卷轴涉及的景点、酒店和寺庙等定制专属旅游线路。五台山生活美学用品：文具、餐具、茶具、杯具、办公用品、生活日杂等。五台山寺庙：与五台山寺庙合作，开发佛系民俗产品等。

（四）"五台山礼物——AR 卷轴"消费人群定位

"80 后"和"90 后"是主要目标消费者，"00 后"为未来培养消费者。中国的"80 后"和"90 后"人群是沐浴着改革开放的春风、伴随全球化和互联网浪潮成长的新一代，有着全新的价值观念、思维方式、生活理念和消费模式，是未来社会的主流和消费市场的主导者。文创行业随着"中国梦"的提出而日渐兴盛，而"80 后"和"90 后"思想开放，认识和接受新事物的能力都相对较高。同时，中国正在进入历史上第三个消费高峰，消费结构也随着"80 后""90 后"消费能力的提升发生历史性的改变。

三、五台山文创 App 应用前景展望

在互联网发展迅猛的形势下，综合国家文化复兴、"一带一路"政策、精神层面与物质层面的市场需求、文化投资盈利率等因素，依托互联网做五台山文化创新平台电商的市场前景将是亿万级别的体量。

第三节　红色研学旅行产品设计

我们党在奋斗的历程中，留下了很多的遗迹、遗址。总书记指出，

每一个红色旅游景点都是一个常学常新的生动课堂，蕴含着丰富的政治智慧和道德滋养。总书记强调，发展红色旅游，指导思想要正确。旅游设施建设要同红色纪念设施相得益彰，要"接"红色纪念的"地气"。不能失去红色旅游的底色。这些重要论述，为推动红色旅游健康发展、进行爱国主义教育、培育弘扬社会主义核心价值观提供了遵循依据。

太行山的红色旅游品牌基因为太行精神。打造以"太行精神"为重点的红色名片，以太行山为重点建设红色文化资源集中连片保护区，对重点旅游线路进行资源整合，依托晋察冀、晋冀鲁豫、晋绥、太行和太岳抗日根据地等红色文化符号，打造红色旅游精品。北太行片区以五台山为全域旅游核心，推进五台山世界旅游目的地，打造山西太行重要旅游集散地。五台山有着重要的红色旅游资源，同时具备发展研学旅游的基础。

一、研学旅行政策背景及市场分析

（一）宏观政策

2016年年底，教育部、国家旅游局等多个部门联合下发《关于推进中小学生研学旅行的意见》；2017年11月，教育部印发《中小学综合实践活动课程指导纲要》，包括研学旅行在内的综合实践活动成为中小学生必修课程。

研学旅行是由学校根据区域特色、学生年龄特点和各学科教学内容需要，组织学生通过集体旅行、集中食宿的方式走出校园，在与平常不同的生活中拓宽视野、丰富知识，加深与自然和文化的亲近感，增加对集体生活方式和社会公共道德的体验。

近年来，国务院多次发文鼓励推行研学旅游，研学旅游作为一项独立的专项活动受到广大社会群体的关注。然而，目前国内研学旅行产品类型还不够丰富，部分研学旅行产品针对性不强，研学活动效果不佳等问题普遍存在。

（二）市场现状

研学旅行研学旅行继承和发展了我国传统游学、"读万卷书，行万里路"的教育理念和人文精神，成为素质教育的新内容和新方式，可提升中小学生的自理能力、创新精神和实践能力。

现如今，传统的旅游已经不能满足现代游客的需求，而传统的学科教育也不能满足学生全方面综合发展的需求。学生基于自身兴趣，在教师的帮助指导下，从自然科学、社会和生活实践中选择和确定主题，在动手做、做中学的过程中，主动获取知识、应用知识、解决问题的集体学习活动。开展研学旅行，有利于促进学生培育和践行社会主义核心价值观，激发学生对党、对国家、对人民的热爱之情；引导学生主动适应社会，促进书本知识和社会实践的深度融合，培养创新人才，推动全面实施素质教育。

"教育＋旅游"的结合形成了双产业的消费升级。如今的研学旅游已不仅仅是针对青少年学生市场，而是突破了年龄的限制，以"学知识、长阅历"为目的，涵盖了修学旅游、科考、培训、拓展训练等活动。

二、建设红色五台研学基地构思

（一）五台山地区红色品牌基因

电影《地道战》的回响——西河头地道战遗址纪念馆；

布衣元帅——徐向前故居和纪念馆；

八路军总部抗战出征的第一个驻扎地——南茹村八路军总部旧址；

高山仰止——白求恩模范病室旧址和纪念馆；

抗战堡垒——晋察冀军区司令部旧址纪念馆；

国共合作抗战红色旅游带；

长城抗战的成功范例——平型关大捷遗址；

两次在同一地点设伏的战争奇观——雁门关伏击战遗址；

步枪、手榴弹打飞机的成功战例——夜袭阳明堡飞机场遗址；

国共合作的典范——太和岭口会谈遗址；

抗战圣地——忻口战役遗址；

战争与和平——南怀化抗战文化山水田园旅游村；

拔剑长歌一世雄——续范亭将军纪念堂；

小村传奇——蒲阁寨围困战遗址；

秘密交通站——下柏色；

百团大战第一枪——"百团大战"首战纪念馆；

"代县大米好吃"——代县毛主席路居纪念馆；

追寻伟人的足迹——繁峙县伯强毛主席路居纪念馆；

金色世界里的红色圣地——五台山塔院寺毛主席路居馆。

（二）挖掘红色研学旅游资源

忻州曾是著名的晋察冀、晋绥两大革命根据地的中心腹地，著名的平型关大捷、忻口战役、夜袭阳明堡机场都发生在这里。高君宇、续范亭、徐向前等老一辈无产阶级革命家诞生在这块红色热土上。抗日战争和解放战争时期，忻州参军参战者有数十万人，其中革命烈士有 13165 名，南下、北上、西进的干部有 2991 人，在中国革命史上谱写了光辉篇章。

研学旅游的开发，需要充分挖掘革命老区内的红色文化资源。根据调查，五台山区域共有 12 处重要红色旅游资源：八路军总部旧址、天和滑石片战斗遗址、晋察冀军区司令部旧址、抗敌报社旧址、五台县烈士陵园、五台县人民文化馆、徐向前元帅故居、晋察冀边区政府旧址、白求恩模范病室旧址、农民起义军张还初故居、毛泽东路居旧址、边区银行旧址等，这些旅游资源需要线路的整合、红色故事的挖掘。所以要以红色旅游资源为主线，再增加丰富旅游产品内容，将与红色经典、文化底蕴有关的历史遗迹旅游资源、传统村落和民俗旅游资源、名人旅游资源、现代人工旅游资源加入其中，进行整合、设计、开发、包装。

五台山的槐荫村，村内文物古迹较多，特别是村正中间的槐荫中学旧址。中学旧址长砖灰瓦，结实厚重，名人辈出。学校随地形高低分为五层、七个院落，布局高低相间，错落有致，是典型的明清建筑风格。学校内槐树油松参天，十几间教室门窗破旧，废弃不用实在可惜。槐荫中学旧址可用作红色教育培训学习的讲堂或者会议室，这样既不用新建接待设施，而且又有浓厚的氛围。如此一来，游客在永安村徐向前元帅故居和纪念馆参观，在槐荫村中学旧址培训学习，形成红色五台研学旅游基地的中心。

（三）融入乡村旅游元素

要在旅游产品线路中加入实体性的乡村旅游纪念品，带动当地经济发展，如乡村民间根雕艺术。五台石咀村卫生所的潘大爷是位乡村医生，创作根雕纯属业余爱好。加工原料是百姓从附近山里捡回来的树枝、树根，晒干以后，经过潘大爷的构思立意、艺术加工及工艺处理，精雕细琢后，创作出各种人物、动物、器物等艺术形象。大爷家里有根雕展，大的如老榆木的板凳、六道木的吉祥鸟等，小的如壁虎、小龙、茶盘等。可以将大爷制作根雕艺术品的过程作为旅游产品线路的互动参与环节，增强游客的体验感，在宣传根雕艺术的同时可以推广根雕艺术产品，同时还可以招募学员，扩大经营，将根雕创作发扬光大。石咀村佛珠加工厂以加工佛珠、佛串为主，原料是五台山六道木，也称作降龙木。据说当年穆桂英大破天门阵的时候用的降龙木，就是用六道木制作而成。六道木属于耐寒耐旱的灌木丛生植物，生长于阴面，长势缓慢，可以活三五十年；并且六道木有消炎解毒的功效，可泡水喝，树皮可做药。在研学旅游中融入乡村旅游产品内容，丰富教育内容。

3. 打造主题品牌，优化产品设计

建设红色五台研学游基地要以旅游者获得主题性体验为目标，以旅游细分市场为对象，进行旅游资源整合、旅游市场识别的主题经营型的旅游规划思路。首先确定红色和研学的主题，再将此主题物化与深化，最后要对此旅游主题进行实施与保障。主要从旅游资源的整合评价、旅游市场的识别分析以及旅游资源与旅游市场的组织三方面入手。要做到主题明确，重点突出；面向未来，注重实践；与时俱进，灵活多变；充实理论，完善体系。争取从视觉感染力、情绪调动到意境氛围的营造等方面，为旅游者提供主题性的旅游经历，使其成功地实现其旅游目的。

4. 提高市场影响力

提高市场影响力的方法有很多种，首先是创立独特有特色的研学旅游品牌，能够获得权威机构认定或业内权威专家的证明。其次，场地内旅游资源要独特丰富有价值。再次，积极组织承办或参办重要的会议或活动，提高市场知名度。最后，服务配套要到位，有极好的声誉，获得游客和专家的普遍称赞。

5. 完善旅游设施建设

对旅游六要素——食住行游购娱，进行整合规范指导。完善乡村旅游地旅游购物、旅游住宿、旅游餐饮等各项游服务设施，丰富研学旅游体验，从而扩大景区旅游收入。主要对当地村民进行帮扶。在做好红色五台研学主题游的同时帮助当地脱贫致富。

三、建设红色五台研学游基地前景展望

从需求市场看，红色五台研学游基地面对的市场群体有三类：一是学生群体，包括幼儿、中小学生和大学生，二是党员干部，三是五台山游客。

学生群体方面，2017 年全市共有幼儿园 470 所、小学 461 所、普通初中 217 所、普通高中 36 所、中等职业教育学校 52 所、普通高等学校 2 所、各类在校生约 60 万人，思想政治教育、红色教育需求基数大。

党员干部方面，忻州市各类党政机关、企事业单位、群众团体的党员约有 20 万余人，红色教育培训需求大。可开展理想信念、革命传统、触动心灵、启迪思想、艰苦奋斗等主题的红色文化教育培训活动。

景区游客方面，五台山年游客接待量 500 万人次左右，并呈逐年上升趋势。依托景区客源市场，培育红色旅游，对于发展全域旅游具有重要的意义。

由此可见，红色五台研学游基地具有良好的发展前景。

第四节　五台山自然研学旅行产品设计

推动文化和旅游融合发展是以习近平同志为核心的党中央做出的重要决策，文化是旅游的灵魂，旅游是文化的载体。文化使旅游的品质得到提升，旅游使文化得以广泛传播。研学旅行是文化和旅游深度

融合的产品。

2016 年年底，教育部等 11 个部委发布了关于推进中小学生研学旅行的意见，其中明确指出："研学旅行是学校教育和校外教育衔接的创新形式，是教育教学的重要内容，是综合实践育人的有效途径。"由学校有计划地组织安排开展研学旅行活动，既有利于学生培育和践行社会主义核心价值观，又有利于推动全面实施素质教育，创新人才培养模式，引导学生主动适应社会，促进书本知识和生活经验的深度融合。在国家政策的大力支持下，研学旅行已经成为旅游业新的经济增长点，日益受到市场的追捧。

国家旅游局发布的《研学旅行服务规范》（LB/T 054—2016）行业标准指出研学旅行是以中小学生为主体对象，以集体旅行生活为载体，以提升学生素质为教学目的，依托旅游吸引物等社会资源，进行体验式教育和研究性学习的一种教育旅游活动。

研学旅行产品按照资源类型分为知识科普型、自然观赏型、体验考察型、励志拓展型、文化康乐型。立足五台山独特的遗产价值，现阶段重点设计"挑战华北屋脊"自然研学旅行。

五台山研学旅行产品开发价值有以下几方面：

（1）挖掘五台山遗产价值，发挥文化自信育人价值；

（2）文旅深度融合，丰富五台山旅游业态，提升旅游品质；

（3）推动研学旅行与大学生双创教育融合；

（4）校政企合作"订单式"培养研学导师。

一、研学课程设计规范

自然资源研学旅行是一个复杂的系统工程，由于我国的自然资源研学旅行开展晚，课程开发、研学导师培训、基地建设、运行管理等方面的相关政策、标准不完善，存在着"只旅不学""只学不旅"或者"学旅两张皮"现象。其中，自然资源研学旅行课程的缺乏是制约自然资源研学旅行质量最核心的要素。

（一）研学课程设计主体

研学产品即"做中学"的课程产品，让学生在真实的体验中学习，系统培养他们的创新创造能力。课程以综合实践活动为载体，不能没有活动，但有了活动未必能够成为课程。构成课程的必要条件是在活动中融入课程要素，要素的缺失一定会削弱课程效果。老师要通过有意识的教育模式进行干预，来发展学生的技能。没有课堂和结构化的学习，研学就成了"自由旅游"了。研学旅行要五育并举，本质上是实践育人；课程有8大特征，即活动性、综合性、隐喻性、快乐性、教育性、生活性、健康性、体验性。

研学主体要清晰，学生是谁？什么层次？有哪些经验？有什么特点？有怎样的需求？（见表4.3）

表4.3　研学主体特征

营地	学生	具有的经验	活动主题（关于自我、社会、自然的真实体验）
五台山	小学	具有生活一般常识，活泼好动，喜欢新鲜事物，可塑性强，表现力强	五台山自然景观，文化景观，国家地质公园，台怀镇中心自然人文综合观察
	初中	知识浅层经验，有自理能力，会团队合作，精力充沛	五台山地貌形成——中国最古老的地貌，五台山的气温，台顶方向判别，五台山动植物（奇花异草）
	高中	求知欲强，视野有待拓展，有兴趣爱好，具备一般理性思维	五台山大地构造演变，北台顶热融湖，中台——冰缘地貌、石坡流、石环、石海，台顶人类活动的影响，东台河谷观察自然地理特征，臭冷杉知识

（二）研学课程设计目标

学生能将个体生活与社会生活相结合，并且能在亲近大自然的过程中获得丰富的实践经验，从而形成对自然、社会、自我三者之间内在联系的整体认识并达到升华，进一步具有价值体认、责任担当、问题解决、创意物化等方面的意识和能力，这是研学课程设计的总目标。

五台山研学课程设计目标包括以下几个方面。

1. 知识与技能

知识方面：一是地质，包括岩石（五台山绿岩带、北台花岗岩、变质砾岩、片麻岩、大理岩）、地质构造（节理、片理、断层、褶皱、褶曲、不整合构造、重力蠕变、崩塌构造、侵入岩脉）、地貌（新生代夷平面及冰缘地貌：北台夷平面、冻融草丘、热融湖、龙翻石、石流坡等）；二是植被，包括林线、高山草甸灌木、针阔叶树种、植物垂直分布、奇花异草；三是生态系统，如山区的生物多样性分析；四是户外，如高海拔区域活动常识。

行为方面：徒步——高海拔徒步；观察——自然景观、人文景观；思考——五台山自然景观与佛教文化的融合；体验——大自然美的欣赏；高海拔区域气候适应；挂单时在寺庙内需遵守戒律清规，感受、理解和尊重佛教文化；唐卡涂绘艺术体验；体会佛教圣地人文环境。

能力方面：环境适应能力、坚持与突破自己的能力、自律能力、自我认知能力、科学的思考辩证能力、以动态眼光看待事物的能力等。

关系方面：与他人协作关系、自我与社会关系、融洽亲子关系、人与自然关系等。

2. 过程与方法

一是寓教于游，做中学，着力培养学生的综合素质能力；二是通过小组合作、实地考察和教师指导，解释研学目的地的地理现象，了解地域规律，分析地理问题；三是观察五台山自然环境的特点，提出具有科学意义的问题并加以分析解答，与研学导师交流互动；四是观察佛教圣地人文景观，思考形成的自然地理原因，总结五台山世界遗产的特点。

3. 情感态度与价值观

能够形成问题意识，增强学习地理的兴趣，形成爱自然、爱祖国、爱探究的情感。

4. 安全防范和注意事项

遵照《研学旅行服务规范》开展户外活动安全教育。

5. 研学内容

围绕五台山自然地理特征"老、高、冷、绿、稀"设计研学内容。

6. 研学准备

组织准备：根据考察需要，可以携带地图、笔、野外考察记录本、GPS、小锤子、标本夹等活动时可能会用到的物品。发放研学旅行指导手册，准备旅行途中防风、雨、晒必备用品。

精神准备：端正研学旅行态度，做好吃苦耐劳的准备。

(三) 研学课程设计的层次性

不同学龄段的学生教学内容是不同的，所以课程设计要体现层次，要与学校教育的阶梯性相匹配。以考察探究为例，学生以自身兴趣为前提，通过教师的指导，在自然、社会和自身生活中选择并确定研究主题，并开展研究性学习。在这个实践过程中学生要主动学习知识，边观察、边记录并且不断反思，逐步实现从发现问题、提出问题，到解决问题的过程。

3—6年级：带着问题去春游（秋游）。在外出考察前，不论是通过网上冲浪，还是通过翻阅书籍等途径，了解目的地的基本情况、资源情况与地域特色，能够提出想要研究的问题，并设计出考察方案；在实践过程中科学合理地分配任务，最后获得有效的研究结论。这个过程可以培养学生课程设计的意识和能力，提高参与校园生活的积极性，从而增强团队合作意识。

7—9年级：带着课题去旅行。围绕寻找红色足迹、寻根问祖中华文化、自然生态环境考察等主题，通过多种途径收集研学旅行目的地的资料，将自己感兴趣的问题作为研究课题；带着课题参加研学旅行，在实地考察和调查的过程中，既要完成课题研究，又要享受旅行带来的乐趣。这个过程可以使学生爱国热情得到激发，民族精神得到培养，亦增强了学生保护大自然的意识。

10—12年级：家乡生态环境考察及生态旅游方案设计。通过实地考察家乡的湿地、森林、草原、沙漠等自然生态环境，对当地生物多样性及其保护情况进行调查研究，采访当地原住居民了解自然生态环境的变化过程，并能提出保护建议；最后结合当地独特的自然生态条件，针对性地设计开展生态旅游的方案，在一些景点安排人员对其生态旅游提供导览和讲解服务。这个过程可以增强学生热爱家乡的情感，提高学生保护家乡自然生态环境的意识。

（四）研学课程设计流程

1. 研学准备阶段

在活动准备阶段，教师要以学生的真实经验为前提，为其提供多种活动主题选择并为其制造提出问题的机会，引导学生自己构思选题，鼓励学生自己发现问题，并能及时抓捕活动过程中学生瞬间动态生成的问题，启发学生就问题展开讨论，确定活动目标和内容。要让学生积极参与活动方案的制定过程，通过合理的任务分工、时间规划、实行措施和路线选择，对本活动可利用的资源及活动的可行性进行分析评估等，增强活动的规划性，提高学生的活动组织与决策能力。此外，组织学生对活动方案进行组内讨论的同时也进行组间讨论，采纳合理且可行的建议，使整个方案得到不断优化和完善。

2. 实践过程阶段

教师要为学生创造真实的情境，并为学生提供亲身经历与现场体验的机会，让学生感受多元化的活动方式，提高学生参与活动过程的积极性，在实地观察、设计制作、实践研究、社会服务等一系列过程中发现和解决问题，体会和感受学习与生活之间的联系。

3. 成果汇总阶段

教师要鼓励学生以多种形式的结果呈现与交流，如视频展示、小品与话剧表演等，但最终要选择最适合的结果呈现方式。对整个活动过程和结果进行科学系统的梳理和总结，促进学生在和同伴交流与对话的过程中学会自我反思和表达。

具体可操作流程见下表4.4。

表4.4　研学课程设计流程

步骤	内容
1. 营地	
2. 学生	小学、初中、高中
3. 活动主题	关于自我、社会、自然的真实体验
4. 目标	包括：价值体认、责任担当、问题解决、创意物化
5. 预设学习成果	将上述目标细化成可衡量的学生行为
6. 阶段	准备阶段：（1）构思主题（2）主题选择（3）研学准备 研学实践：（1）真实场景、场所、场馆（2）真实问题（3）真实体验（4）真实感悟 成果展示：（1）多种形式呈现与交流（2）总结与反思
7. 流程	老师任务、学生活动
8. 评价指标	自我反思和他评，突出对学生的发展价值、对学生的活动过程和结果进行综合评价

二、研学导师培养模式

将已选修"创业基础"课程或相关专业高校大学生作为研学导师的源泉，分批招募研学导师，采用项目制方式学习培养（见表4.5），使其具有初步制定或实施研学旅行教育方案，指导学生开展各类体验活动的专业研学导师，通过淘汰筛选后，留下的进入实践验证（研学服务公司）中，持续培养，进入社会创业。

表4.5 项目制学习特征

项目式学习	传统讲授
探究和讲授都是由学生主导的	由教师来主导
跨学科	单一学科
课堂外学习，有公众	课堂内学习
在学习的过程中，学生有话语权和选择权	教师来决定学生的学习任务
学生要解决一个问题	教师来告诉学生他们需要学什么
团队学习	个人学习
成果向公众进行产品展示	考试

项目设计核心因素有：核心知识点，理解力和技能，具有挑战性的问题，可持续性问题，真实性，学生的声音和选择，反思、评论和修正，成果发布。

五台山研学导师培养具体流程为以下几个方面。

（1）面试挑战：①感性认知；②角色分工。

（2）培训＋研学：①知识点深入体系；②洞悉理解整体框架；③教学法体验。

（3）用户调研：①共情与深入了解用户需求（为全季全域研学服务）；②入户沟通、反复，确定目标；③为线路设计打基础（用户思维)。

（4）课程设计：①课程初框架；②适宜与规范对比。

（5）研学教学培训：①招募规模 30 人；②一周 8 小时；③师生分组。

（6）规范包装课程（反思、细化）：①名字系列；②教学原型，见图 4.1。

（7）教学工具设计制作。

（8）实践验证（用户测试）。

（9）产品投放及运行。

（10）问题反馈及迭代。

图 4.1　研学导师培养过程

在梳理研学课程国家政策的基础上，指出研学课程设计的目标与层次性，以价值体认、责任担当、问题解决、创意物化等方面的意识和能力，形成研学课程设计的总目标。"一致性建构"是研学设计的核心要素，给出研学课程设计流程并在五台山研学生中实践验证。同时给出项目制驱动下五台山研学导师培养流程。对于研学旅行相关问题进行深入探索后发现，由于研学课程要体现连续性，五台山研学课程仅为初始阶段，将来可对上述设计流程进一步优化与完善，为研学课程设计标准提供参考，具有广泛的实用价值。

三、五台山自然研学课程介绍

（一）小学课程

1. 研学主题一："奇怪的石头"

在本课程中，学生课上观察岩石标本，并通过各种途径查阅资料。在实践中观察各类岩石并采集样本，与之前看到的岩石标本做对比。最后小组写出观察日记，并且互换样本，以达将常见岩石都认识的目标（见表4.6）。

表4.6 "奇怪的石头"

大纲要求		通过观察各种岩石了解它们的名称和分类
选择的地点		五台山地质公园
设定的问题		作为观察员，我们如何能够在地质公园中准确认出某种岩石并将其分类
实践步骤	1 行前准备	老师在课堂上拿各种岩石标本给学生展示，学生分组，选择自己感兴趣的岩石，在网上或书籍中了解所选岩石的名称和其分类
	2 实践过程	学生到地质公园去参观，观察各类岩石。根据所选岩石的名称和分类，重点观察其颜色、纹理、硬度等性状。要注意收集样本

续表

实践步骤	3	成果汇报（总结）阶段	每个学生写一份观察日记，包括所选岩石的名称及分类；将收集的岩石样本和之前所看的岩石标本比较，观察是否一致
	4	在团队中交流意见、汇总	每个小组选出代表做讲解，请来老师、地质学家来看他们展示
	5	专家点评	各组学生根据收到的反馈（自我反思、向同学学习、专家点评）来修正方案；最后每个小组互换样本观察，并题写报告

2. 研学主题二："登高识四方"

在本课程中，学生课前收集判别方向的办法，以五台山观看日出日落为例，实践过程中根据太阳的运动轨迹来判别方向，方便在以后的日常生活中，不论在哪里，都能准确判别方向（见表4.7）。

表4.7 "登高识四方"

大纲要求			通过观看日出判别五台山的台顶方向
选择的地点			五台山东台顶
设定的问题			以五台山台顶为例，我们如何准确判别方向
实践步骤	1	行前准备	老师提问，请学生讲出自己所知道的判别方向的办法；课下学生分组，上网或查阅书籍了解
	2	实践过程	学生到东台顶观看日出，观察其行动轨迹，注意太阳升起和落下的方向，注意拍照或录制视频。学生可分批按时段进行
	3	成果汇报（总结）阶段	小组成员写观察日记并画出简图，说明自己所在位置的方位
	4	在团队中交流意见、汇总	每个小组选出代表做讲解，请来老师、科学家来看他们做展示
	5	专家点评	各组学生根据收到的反馈（自我反思、向同学学习、专家点评）来进行整合，画出太阳一天的运动轨迹，以达到准确判别方向的目标

3. 研学主题三："山间小生灵"

在本课程中，学生课上通过多种途径了解五台山的动植物相关知识。在实践过程中拍照记录，对比与之前资料查询的是否一致。最后小组写出观察日记，并且互换观察内容，以达到将常见动植物都认识的目标（见表4.8）。

表4.8　"山间小生灵"

大纲要求		通过观察各种动植物了解它们的名称
选择的地点		五台山动植物园
设定的问题		请举例说明五台山常见的动植物
实践步骤	1　行前准备	学生分组，选择自己植物组还是动物组。在网上或书籍中了解五台山中自己所选物种的名称和样子
	2　实践过程	学生到五台山动植物园观察，分别对各种动植物的样子进行拍照
	3　成果汇报（总结）阶段	每个学生写一份观察日记，对其所观察物种的外貌特征进行描写
	4　在团队中交流意见、汇总	每个小组选出代表做讲解，请来老师、植物学家、动物学家来听他们做展示
	5　专家点评	各组学生根据收到的反馈（自我反思、向同学学习、专家点评）来进行整合；最后每个小组互换观察内容，并题写报告

（二）初中课程

1. 研学主题一："寻找臭冷杉"

在本课程中，学生先了解我国其他地区臭冷杉的相关知识，在实践过程中观察五台山臭冷杉生存环境、生长特征，并总结出保护珍稀植物的重要性，最后在班级内举行演讲比赛，并进行作文发表（见表4.9）。

表 4.9 "寻找臭冷杉"

大纲要求		通过观察臭冷杉了解保护珍稀植物的重要性	
选择的地点		臭冷杉保护区	
设定的问题		保护珍稀植物有什么意义	
实践步骤	1	行前准备	课上老师举例说明我国其他地区臭冷杉的生存状态,学生分组,在网上或书籍中自行查询其生存状态的相关知识
	2	实践过程	学生到五台山臭冷杉保护区观察,了解其生存环境、存在面积,通过当地气象了解其水热条件等
	3	成果汇报(总结)阶段	每个学生写一篇作文,根据其生存环境、存在面积、水热条件,总结出保护珍稀植物的重要性
	4	在团队中交流意见、汇总	在班级举行演讲比赛,请植物学家、老师来观看
	5	专家点评	各组学生根据收到的反馈(自我反思、向同学学习、专家点评)来修改作文;其中生物知识要科学合理,语言要通顺流畅,最后以班级为单位进行作文发表

2. 研学主题二:"高处不胜寒"

在本课程中,学生通过各种途径查阅地形对气温的影响的相关知识,并且分组;在实践过程中按地形测量温度,与之前查询的理论形成对比,验证地形对气温的影响规律是否准确;最后准确掌握这个知识(见表 4.10)。

表 4.10 "高处不胜寒"

大纲要求		通过观察五台山的不同地形,总结出海拔对气温的影响规律	
选择的地点		五台山的河谷、平地、半山坡、台顶	
设定的问题		海拔对气温有什么影响	
实践步骤	1	行前准备	学生至少分成四个小组,提前上网或者查阅书籍了解相关知识

实践步骤	2	实践过程	学生分别在河谷、平地、半山坡台顶做测量实验，测量气温等要素随海拔的变化状况
	3	成果汇报（总结）阶段	各小组分别写出报告，做规律总结
	4	在团队中交流意见、汇总	每个小组选出代表做讲解，请来老师、地理学家、气象学家来看他们做展示
	5	专家点评	各组学生根据收到的反馈（自我反思、向同学学习、专家点评）来修正方案；最后统一总结，以达到了解"海拔对气温的影响规律"

3. 研学主题三："沧桑之变"

在本课程中，学生通过各种途径查阅地壳运动对地貌的影响的相关知识，并且分组；在实践过程观察五台山的岩石层、冰缘地貌，对之前查询的理论进行验证，准确说出每种地质地貌对应的某种地壳运动；最后掌握这个知识（见表 4.11）。

表 4.11 "沧桑之变"

大纲要求			以东台顶为例，通过观察五台山的地貌了解地壳运动
选择的地点			五台山东台顶
设定的问题			地壳运动对地貌的形成有什么影响
实践步骤	1	行前准备	课上老师举例说明我国其他地区地壳运功对地貌形成的影响，学生分组，上网或者查阅书籍了解地壳运动的相关知识
	2	实践过程	学生到五台山东台顶观察，重点观看五台山的岩石层、冰缘地貌，了解地壳运动对地貌的影响
	3	成果汇报（总结）阶段	每个小组写份观察报告，分析地貌成因

续表

实践步骤	4	在团队中交流意见、汇总	每个小组选出代表做讲解，请来老师、地质学家来听他们的展示
	5	专家点评	各组学生根据收到的反馈（自我反思、向同学学习、专家点评）来修正方案；最后统一总结

（三）高中课程

1. 研学主题一："生物多样性"

在本课程中，学生根据管理员提出的问题，分成小组，选择自己喜欢的动物，在网上或书籍中研究所选动物的习性，在实践过程中观察空间、温度、湿度、光亮度、和游客的距离等条件，得出最适合其生存的环境，并写成报告、汇总方案提交给五台山动植物园（见表4.12）。

表 4.12　"生物多样性"

大纲要求			通过观察植物和动物来说明不同栖息地的生物多样性
选择的地点			五台山植物园
设定的问题			作为生物学家，我们如何在动物园中推荐动物的最佳栖息地
实践步骤	1	行前准备	动植物园需要对动物的饲养环境重新做出调整。管理人员来到学校，提出了现存的问题，请学生帮忙提供建议。学生分组，选择自己喜欢的动物，在网上或书籍中研究所选动物的习性，了解最适合其生存的环境需具备哪些条件
	2	实践过程	学生到动植物园去参观，观察动物的生存环境。根据所选动物的习性及对生存环境的要求，重点观察哪些适合动物生长，哪些对动物的生长不利。要注意收集数据，包括空间、温度、湿度、光亮度、和游客的距离等
	3	成果汇报（总结）阶段	每个学生写一份报告，包括动物习性、对生存空间的要求、与动物园真实环境的比较，提出整改建议

实践步骤	4	在团队中交流意见、汇总	做成 PPT 或画报,请来动物园管理人员、饲养员、动物学家来听他们做展示(多媒体)
	5	专家点评	各组学生根据收到的反馈(自我反思、向同学学习、专家点评)来修正方案;学生将方案汇总,向五台山植物园提交报告

2. 研学主题二:"适地适生"

在本课程中,学生根据管理员提出的问题,分成小组,选择不同的地段并根据当地生态环境提出想要调查的问题,在实践过程中做好记录,然后具体问题具体分析、因地制宜,并且提出可行性方案,保证在保护生态环境的前提下,能够进行正常的人类活动。最后将方案汇总提交给五台山环境保护机构(见表4.13)。

表4.13 "适地适生"

大纲要求	通过观察东台河谷自然地理特征对保护当地生态环境提出建议	
选择的地点	东台河谷	
设定的问题	作为地质学家,我们如何对五台山的生态环境进行保护	
实践步骤	1 行前准备	五台山需要对当地的生态环境保护重新做出规划。管理人员来到学校,提出了现存的问题,请学生帮忙提供建议。学生分组,选择地段并提出想要调查的问题,在网上或书籍中研究所选地段的生态环境如何才能得到最适合的保护
	2 实践过程	学生到东台河谷去参观,观察当地的生态环境,比如垂直地带性地貌、哪种地带适合人类居住、河谷地貌与植被、水土流失严重的地方如何保护等。用相机记录各种自然地理特征

实践步骤	3	成果汇报（总结）阶段	每小组撰写一份报告，包括垂直地带性地貌的成因、适合人类居住的地带、河谷地貌适合种植的植被、水土流失严重地带的保护措施等，并且提出可行性方案，保证在保护生态环境的前提下，进行正常的人类活动
	4	在团队中交流意见、汇总	做成PPT或画报，请来老师、当地居民、植物学家来听他们做展示（多媒体）
	5	专家点评	各组学生根据收到的反馈（自我反思、向同学学习、专家点评）来修正方案；学生将方案汇总，向五台山生态环境保护机构提交报告

3. 研学主题三："冰雪奇缘"

在本课程中，学生先了解我国其他地区冰缘地貌的情况，然后通过多种途径查阅相关知识。在实践过程中，了解五台山各种冰缘地貌的现存状态，以及人类活动对其的影响，然后撰写报告提出建议，最后将方案汇总提交到五台山冰缘地貌保护机构（见表4.14）。

表4.14　"冰雪奇缘"

大纲要求			通过观察中台冰缘地貌了解人类活动对其的影响并提出建议
选择的地点			五台山中台顶
设定的问题			人类活动对冰缘地貌有什么影响？我们应如何保护？
实践步骤	1	行前准备	老师课堂举例说明我国其他地区冰缘地貌的情况，学生分组，上网或者翻阅书籍查询冰缘地貌的相关知识
	2	实践过程	学生到五台山中台顶，观察其冰缘地貌并拍照，分析不同成因下各种冰缘地貌的现存状态，以及人类活动对其的破坏程度
	3	成果汇报（总结）阶段	每个小组写份报告，针对不同成因下各种冰缘地貌的现存状态，以及人类活动对其的破坏程度提出建议

续表

实践步骤	4	在团队中交流意见、汇总	做成 PPT 或画报，请来老师、当地居民、地质学家来看他们做展示（多媒体）
	5	专家点评	各组学生根据收到的反馈（自我反思、向同学学习、专家点评）来修正方案；学生将方案汇总，向五台山冰缘地貌保护机构提交报告

上述研学课程设计具体流程可总结为：①营地选择；②学生主体；③活动主题；④预设学习成果；⑤阶段（准备、实践、展示）；⑥老师任务（学生活动）；⑦评价指标。

四、市场前景

五台山作为山西自然资源富集区的代表，具备打造青少年学生及海外侨胞体验五台山自然研学旅行基地的独特优势。五台山研学旅行基地的建设，对推动山西省自然资源研学课程开发具有重要意义。

从需求市场看，五台自然研学旅行的市场群体有两类，一是学生群体，包括幼儿、中小学生和大学生，二是五台山游客。

学生群体方面，结合上文本地不同学段学校规模数据可知，本地基础教育领域需求基数大。同时，五台山作为国际旅游品牌，围绕京津冀、长三角等国内研学需求市场，可开发港澳青年学生入晋研学市场，以增强文化认同、民族认同和国家认同。

景区游客方面，五台山年游客接待量为 500 万人次左右，并呈逐年上升趋势。依托景区客源市场，培育研学旅行，对于发展全域旅游具有重要的意义。

第五节　文化研学旅行产品设计

五台山受到历代帝王的大力护持和中外众多僧俗的辛勤耕耘，遂保存下了世界上少有的古建筑、罕见的佛教造像群、独特的佛教音乐，故被为"世界佛数文殊信仰中心""中国佛教建筑艺术的历史长廊""中国佛教造像艺术的历史画卷""中国佛教音乐的活化石""国际佛教文化交流中心"，因此积淀了极其丰厚的社会历史文化遗产。

如果你喜欢古建筑，或者希望自己的孩子成为建筑工程师，那么不妨带孩子沿着忻州古建筑研学线路走一走。这条线路连接了自唐、宋、金、元、明、清至民国以来上千年间中国古建筑的典型样本，这也许是国内仅有的能够集中这么多朝代不同建筑的神奇之旅。

一、文化研学资源基础

在深度的古建筑发烧友的心中，五台山地区很可能是海内第一胜地，这绝非浮名。五台山保留了从唐代到民国完整的古建筑遗存链条，是一部活化的中国古建筑史，是一座门类齐全的中国古建筑博物馆，这在全国也是独一无二的。目前，我国境内遗存的最早木构建筑是唐代建筑，保存较完整共有4处，五台境内就有两处，即五台县的南禅寺大佛殿、佛光寺东大殿。宋代建筑有3处：忻府区的金洞寺转角殿、原平市的慧济寺、代县的洪济寺砖塔。金代建筑有9处：原平市的土圣寺、普济桥，定襄县的关王庙、洪福寺，五台县的延庆寺大佛殿、佛光寺文殊殿，繁峙县的岩山寺文殊殿、三圣寺、正觉寺。元代建筑有5处：原平市的崞阳文庙，定襄县的留晖洪福寺，五台县的广济寺，代县的阿育王塔，偏关县的护宁寺。明代建筑几乎遍布忻州所属各县，主要有：五台山建筑群中的塔院寺、殊像寺，代县的文庙、边靖楼、钟楼、洪福寺砖塔、杨家祠堂，忻府区的北城门楼，静乐县的文庙，繁峙县的公主寺，定襄县的白佛堂，宁武县的万佛寺。明清建筑有：五台山建筑群中的碧山寺、显通寺、金阁寺、罗睺寺、圆照寺，繁峙县的秘密寺、狮子窝琉璃塔，代县的赵杲观，河曲县的岱岳殿、海潮庵。清代建筑有：五台山建筑群中的菩萨顶、忻府区的秀容书院、原平市的朱氏牌楼、五台县的徐继畬旧居。民国建筑有五台山建筑群中的龙泉寺、南山寺、尊胜寺、阎锡山旧居。纪念性建筑有徐向前元帅故居、白求模范病室旧址、晋察冀军区司令部旧址、南茹村八路军总部旧址等。忻州元代前木结构古建筑至少有 15 处，占全国总数的 40%以上，这在全国也是极为罕见的。

二、古建研学线路设计

围绕着佛教圣地五台山的，是以台怀镇为中心的一组规模庞大、数量可观、种类丰富的古建筑群。除了五台山台怀镇的显通寺、菩萨顶、塔院寺、五爷庙、殊像寺、罗睺寺、黛螺顶、碧山寺等这些著名寺院外，在五台山外围还隐藏着一条不太为人熟知的古建筑研学线路，这条线路串联起的唐、宋、金、元、明、清、民国等各个朝代的古建筑密密麻麻地分布在台内台外的山林之中，形成一组相对完整的中国古建筑发展序列，是一条绝佳的古建筑研学旅游线路。其中，有人们熟知的亚洲最古老的木构建筑南禅寺和中国现存最辉煌的唐代建筑佛光寺，这些寺庙几乎都不在普通旅行者的旅行清单上，但也因此保留了其不为外人所知的神秘、质朴、沧桑的建筑本色。

以忻府区秀容古城为起点，这座现存城池为明清重修的古城，忻府区秀容古城已于 2019 年 10 月全面修复，开始接待中外游客。明代的北城门楼、清代的秀容书院，以及关帝庙、财神庙、泰山庙将以崭新的面貌呈现在游人面前；向西到达忻府区合索乡西呼延村的金洞寺，将可欣赏到宋代转角殿那令人印象深刻的硕大斗拱；再折而向东，到达定襄县城内的关王庙，这是国内最早的官修关帝庙，简洁优雅的金代原构无梁殿将会使你对金朝产生好奇探究之感；出城向东北至河边镇阎家大院，这里是阎锡山的故居，民国枭雄阎锡山难以言说的一生将在这里徐徐展开；北面不远处宏道镇北社东村的金代遗构洪福寺，保留了古朴的建筑和彩塑，寺庙所在的北社东村又被称为都御史第，还保留着明代修筑的城墙。

然后一路向东进入五台县阳白乡境内的李家庄村，旅行者将迎来世界现存最早的木结构建筑——唐代南禅寺，可视的木结构建筑史将从这里发端，屋顶举折之平缓为中国古建筑之最；仅仅 6 公里之外的阳白乡善文村就是金代遗构延庆寺，这座寺庙在前些年完成了一番大规模的维修改造，但其简洁、质朴的金代结构被完整保存；五台县城的元代广济寺现已辟为县博物馆，几尊元代塑像值得一看；再向东到达五台县茹村乡龙王堂村东的"五峰咽喉"尊胜寺，现存殿宇为民国年间所建，寺内宋代和民国的尊胜陀罗尼经幢，彰显着该寺不凡的来历，该寺大型砖雕艺术不仅为"五台之冠"，在全国也罕与伦比，被专家称为"华夏砖雕第一寺"；再继续向北，豆村镇以北约 6 公里处的唐代佛光寺则几乎被梁思成誉为"中华第一国宝"，近乎完整的一组高古木构建筑群落书写了中国建筑史上最辉煌的篇章，就连金代修的以减柱法闻名的文殊殿在这里也只能成为配角。

向北进入繁峙县境内，清代建筑秘密寺只能是台外寺庙群中的"幼儿"，但却有着北齐建寺的悠久历史，《西游记》第 61 回有五台山碧魔崖神通广大的泼法金刚为孙悟空、猪八戒助战，战胜牛魔王的情节，说的就是这里；繁峙县城内的正觉寺大雄宝殿有着典型的金代梁架结构；县城不远处的明代公主寺（杏园乡公主村）则有着和永乐宫齐名，并称为"南北双珠"的完整壁画；向东至砂河镇附近，两座金代建筑岩山寺（东山乡天岩村南峪口）和三圣寺（砂河镇西沿口村）均人迹罕至，尤其以岩山寺内金代宫廷画师王逵创作的壁画最为精彩。

这条线路连接了自唐、宋、金、元、明、清至民国以来上千年间中国古建筑的典型样本，也许是国内仅有的能够集中唐代以后几乎所有朝代不同建筑的神奇之旅。遗憾的是，不少寺庙都没有正常开放，常常需要在乡间寻找负责钥匙的看门人，因此需要多向当地老乡询问。不过随着文旅机构融合，文物部门和旅游部门合为一家后，文物的有效保护和旅游的合理开发将使这一现象得到彻底改观。这条研学旅游线路，走完全程需要一到三天，旅行者可根据自己的时间安排缓急，可以选择定襄县城、五台县城或繁峙县城作为住宿地点。

这一奇妙的考察古建的研学之旅，无需多言，照相机一定要带上。同时，还要带上望远镜，这样才能看清建筑高处的细部，比如辩识佛光寺东大殿梁上的墨迹、尊胜寺佛塔宝顶的精妙、建筑高处用材上的花纹，这些都离不开望远镜，有了它就能享受一场难得的视觉盛宴，感受一次超视距的研学快乐。

忻州古建筑研学线路：忻州秀容古城（忻州市区）——宋代金洞寺（忻府区合索乡西呼延村）——金代关王庙（定襄县城）——民国阎家大院（定襄县河边镇）——金代洪福寺（定襄县宏道镇北社东村）——唐代南禅寺（五台县阳白乡李家庄村）——金代延庆寺（五台县阳白乡善文村）——元代广济寺（五台县城）——民国尊胜寺（五台县茹村乡龙王堂村东）——唐代佛光寺（五台县豆村镇佛光村）——

清代秘密寺（繁峙县岩头乡岩头村）——→金代正觉寺（繁峙县城）——→明代公主寺（繁峙县杏园乡公主村）——→金代岩山寺（繁峙县东山乡天岩村南峪口）——→金代三圣寺（繁峙县砂河镇西沿口村北）。

本章小结

　　文化旅游成为当代旅游业的新潮流、新热点，五台山佛教文化旅游资源丰富而独特，将旅游资源的文化优势转化为产品优势，从而形成产业优势是未来的必然。本章以五台山文化旅游产品开发的资源与市场分析为基础，结合当前文化旅游产业的发展现状及趋势，探讨了旅游产品开发的现状及存在的问题，同时提出开发五台山文创 App 平台、"五台山礼物——AR 卷轴"文创产品构想；丰富旅游业态，提出红色研学旅行、自然研学旅行、文化研学旅行产品形态；为五台山文化旅游产品升级提供了新的发展思路。

　　在梳理研学课程国家政策的基础上，指出研学课程设计的目标与层次性，将提升学生价值体认、责任担当、问题解决、创意物化等方面的意识和能力作为研学课程设计的总目标。"一致性建构"是研学设计的核心要素，并给出研学课程设计规范；针对基础教育阶段的中小学，设计了 3 个层次 9 个研学课程主题，并在五台山研学生中实践验证。同时给出项目制驱动下五台山研学导师培养模式。本章从研发团队、研学内容、研学目标、供给保障等方面形成了产品形态与推广，最后分析了市场推广前景。并提出了一套研学课程开发模型，对于研学课程标准化设计具有参考价值。

参考文献

[1] 崔杰. 西安文化旅游产品开发研究 [D]. 西安：西北大学，2008.

[2] 王金安. 佛教旅游产品深度开发探讨——以南岳衡山为例 [D]. 长沙：湖南师范大学，2010.

[3] 赵慧. 试析五台山精神性旅游文化产品的开发 [J]. 旅游纵览（下半月），2014（03）：240 - 241.

[4] 付玉娟. 基于生态足迹的旅游地可持续发展研究 [D]. 太原：山西大学，2013.

[5] 柴丹丹. 豫中地区佛教旅游产品开发研究 [D]. 桂林：广西师范大学，2010.

[6] 胡君. 浅谈旅游资源的开发与环境保护的关系 [J]. 职业时空月刊，2008，4（01）：6.

[7] 杨婵玉，吴向潘. 佛教文化旅游资源对五台山旅游的影响 [J]. 城市与环境科学研究，2013，32（06）：96 - 99.

[8] 吴攀升. 五台山佛教文化旅游开发的战略思考 [J]. 资源与人居环境，2003，（08）：6 - 9.

[9] 韩晋伟. 五台山佛教文化旅游的发展研究 [J]. 山西煤炭管理干部学院学报，2014，27，（04）：143 - 144.

[10] 周小燕. 南京地理研学旅行课程方案设计研究 [D]. 南京：南京师范大学，2018.

[11] 于洁. 中国研学旅游基地网络关注度时空特征及影响因素研究 [D]. 武汉：华中师范大学，2018.

[12] 云艳红. 西安市研学旅游发展及产品特征分析 [J]. 旅游纵览（下半月），2016（03）：121-123.

[13] 李寿全，周志平. "研学旅行"常态化：基于生活教育思想的课程设计——以闽东县域资源设计课程为例 [J]. 福建基础教育研究，2017，（10）：13-15.

[14] 崔琰. 陕西研学旅游提升策略研究 [J]. 唐都学刊. 2016，32（3）：112-115.

[15] 梁佳斌，李海燕. 研学旅行课程实施过程中的师生"双赢" [J]. 教育科学论坛，2018，（10）：13-16.

[16] 高京燕. 供给侧改背景下河南省旅游产品的转型升级 [J]. 华北水利水电大学学报（社会科学版），2017，33（5）：31-33.

[17] 邱涛. 地理研学旅行基地建设研究 [J]. 中学地理教学参考，2017（07）：4-6.

[18] 任唤麟，马小桐. 培根旅游观对其研学旅游的启示 [J]. 旅游学刊，2018，33（9）：145-150.

[19] 邱悦，卢爱华. 江苏非物质文化遗产研学旅行产品开发研究 [D]. 南京：东南大学，2017.

[20] 赵雪燕. 小学研学旅行综合实践活动课程的调查研究——以S小学《长城文化》为例 [D]. 秦皇岛：河北科技师范院，2017.

[21] 于俊霞. 小学研学旅行活动课程开发研究——以石家庄市区为例 [D]. 石家庄：河北师范大学，2017.

[22] 郑庆荣. 五台山自然遗产资源的通俗解读 [N]. 忻州日报. 2018-01-21（001）.

[23] 彭其斌. 研学旅游课程概论 [M]. 济南：山东教育出版

社，2019.

［24］陆庆祥，程迟. 研学实践教育政策分析与实践研究［J］. 湖北理工学院学拔（人文社会科学版），2017，34（2）：22－26.

［25］吴颖惠. 研学旅行学校指导手册［M］. 北京：北京师范大学出版社，2018.

［26］祝胜华. 研学旅行课程体系探索与践行［M］. 武汉：华中科技大学出版社，2018.

［27］赵永功. 忻州古建筑研学之旅，穿越一部中国建筑史［N］. 忻州日报，2019－4－21（1）.

［28］赵鹏宇，周喜君，郑茹楠. 双创教育背景下五台山研学课程设计及研学导师培养模式［J］. 地理教学，2019，（20）：32－35.

第五章

五台山乡村旅游发展及农民增收问题研究

乡村是人类文明的根基所在，乡村的魅力在于它有不同于城市的原生态、自然性、农耕美。发展乡村旅游意义重大，前景广阔。

第一节　五台山乡村旅游及农民发展现状

一、三农现状

景区辖台怀镇、石咀乡和金刚库乡三个乡镇，总面积为 437 平方公里；其中林地为 279.5 平方公里；总行政村为 63 个，总户数为 6713 户，贫困户数 1040；人口总数为 16861 人，贫困人口数 2687 人；劳动力总数有 7961 人，其中男性劳动力 4140 人，女性劳动力 3821 人，受教育程度中初中及初中以下 5120 人，高中受教育程度之上 2705 人。2015 年农民人均总收入 4299 元，其中工资性收入 2236 元、经营性收入 1599 元、财产性收入 59 元、转移性收入 405 元。人均可支配性收入 2800 元以下的有 1040 户，人均可支配性收入 2800—5600 元的户数 3221 户，人均可支配性收入 5601—10000 元的 588 户，人均可支配性收入 10001—20000 元的 1691 户，人均可支配性收入 20000 元以上的 173 户。

三个乡镇的基本情况分别是：石咀乡乡域总面积 150 平方公里，总户数 2385 户，总人口 6001 人，总劳力 2164 人，辖 31 个行政村、3 个自然村。全乡林地总面积 19.46 万亩，天然植被、森林覆盖率达 61% 以上。台怀镇土地总面积 191 平方公里，其中林地面积 137681 亩（退耕还林面积 5859.5 亩，公益林面积 100313.5 亩），全镇有 22 个行政村、52 个自然村，常住人口有 4558 户 10192 人；全镇有台怀村、东庄村、杨林村、杨碧玉村等 7 个行政村位于核心景区。金岗库乡全乡总面积 96 平方公里，林业面积 8.7 万亩，天然植被、森林覆盖率达 70% 以上。全乡 10 个行政村、1 个自然村，总户数为 1270 户，总人口数 2830 人；贫困户数为 203 户，贫困人口数 445 人，劳动力总数为 140 人。

景区三个乡镇总耕地面积 9983.19 亩，农户总数 2276 户，总劳动力数 7961 人，总农业人口 2650 人，从事农业生产的劳动力占总劳动力三分之一。景区耕地分布零散，大部分为河滩地以及坡耕旱地，土壤贫瘠，产量低而不稳，可开发耕地空间狭小。大部分村庄人均耕地面积不足一亩，最少人均耕地面积不足一分（土地计算单位，约 66.7m²），其中金刚库乡有两个行政村无耕地。种植业生产主要以小杂粮、马铃薯为主辅以零星蔬菜种植，养殖业生产主要以牛羊为主，其中三乡镇养牛 8005 头、羊 42055 只。

三个乡镇的三农现状分别是：台怀镇耕地面积 3666.19 亩，有农户 3058 户，有 8030 口人，劳动力 4657 人。贫困人口户数为 438 户，贫困总人口数 1303 人。辖 22 个行政村、52 个自然村，农民人均收入 5032 元，比上一年增长 22%。台怀镇养牛大约 5000 头、羊 30000 只，畜牧业收入占总收入的 8%，农业和其他收入占 10% 左右。

石咀乡耕地总面积 9218 亩，粮食总产量 2406 吨，油料总产量 11 吨。全乡总户数 2385 户，总人口 6001 人，劳动力 2164 人，辖 31 个行政村、3 个自然村，贫困村 17 个，贫困户 399 户，贫困人口 939 名。2015 年人均纯收入 3750 元，农业收入约占 12%，畜牧业收入约占 32%。全乡牧草地面积 5.75 万亩，牛大约 2520 头、羊大约 10710 只、猪 356 头。

金刚库乡耕地面积 109 亩，总户数 1253 户，总人口 2830 人，农业人口 2420 人，劳动力 1140 人，贫困户 445 户，贫困人口 2033 名，人均收入 4114 元。养牛 485 头、羊 1345 只，种植业和养殖业收入占 8%。

二、乡村旅游经营现状

经过对景区管理区内参与旅游相关项目的 1543 户农户和有意向参与旅游相关项目 986 户农户的统计和问卷调查，目前参与旅游相关项目的行业约有 8 类，总计 1783 户，平均每户约 1.16 个项目，其中从事农家乐和乡村客栈旅游相关项目的户数占比最多，约占项目总数的 36.12%，从事农业观光和采摘的最少，占项目总数的 0.84%。（见表 5.1）

表 5.1　从事乡村旅游经营项目情况

总计（户）	目前从事各种经营项目类型的户数							
	农家乐和乡村客栈（户）	饭店（户）	小卖铺（户）	旅游小商品和纪念品（户）	旅游客运（车、马等）（户）	向导、导游、讲解（户）	土特产品加工、销售（户）	农业观光和采摘（户）
1783	644	155	217	356	317	59	20	15
占比（%）	36.12	8.69	12.17	19.66	17.78	3.31	1.12	0.84

有意向从事参与旅游相关项目的行业除原有的 8 类外，还有纳凉避暑类、休闲养生度假类、户外运动类等，共计 1354 户，平均每户约

1.37 个项目。其中在 8 个主要统计项目中，从事农家乐和乡村客栈旅游相关项目的户数占比最多，约占项目总数的 29.69%，从事农业观光和采摘的最少，占项目总数的 1.26%（见表 5.2）。

表 5.2 有意向从事乡村旅游经营项目情况

总计（户）	有意向从事各种经营项目类型的户数								
	农家乐和乡村客栈（户）	饭店（户）	小卖铺（户）	旅游小商品和纪念品（户）	旅游客运（车、马等）(户)	向导、导游、讲解（户）	土特产品加工、销售（户）	农业观光和采摘（户）	其他（户）
1354	402	175	168	189	220	106	46	17	31
占比（%）	29.69	12.93	12.41	13.96	16.25	7.83	3.4	1.26	2.27

景区内金刚库乡有农户 1253 户，石咀乡 2385 户，台怀镇 3058 户，三乡镇总计农户 6696 户，其中参与调查的户数为 2529 户，在 2529 户中平均每户参与项目为 1.24 项，如果以 6696 户计，可能参与项目数为 8303.04 项，以此户数为基础，计算已从事和有意向从事各种经营项目类型情况（见表 5.3）。

表 5.3 已从事和有意向从事经营项情况

总计（户）	已从事各种经营项目类型								
	农家乐和乡村客栈（户）	饭店（户）	小卖铺（户）	旅游小商品和纪念品（户）	旅游客运（车、马等)(户)	向导、导游、讲解（户）	土特产品加工、销售（户）	农业观光和采摘（户）	其他（户）
1783	644	155	217	356	317	59	20	15	0
占比（%）	7.76	1.87	2.61	4.29	3.82	0.71	0.24	0.18	0
总计（户）	有意向从事经营项目								
	农家乐和乡村客栈（户）	饭店（户）	小卖铺（户）	旅游小商品和纪念品（户）	旅游客运（车、马等)(户)	向导、导游、讲解（户）	土特产品加工、销售（户）	农业观光和采摘（户）	其他（户）
1354	402	175	168	189	220	106	46	17	31
占比（%）	4.84	2.11	2.02	2.28	2.65	1.28	0.55	0.21	0.37

总计 （户）	已从事和有意向从事经营项目								
	农家乐和 乡村客栈 （户）	饭店 （户）	小卖铺 （户）	旅游小商 品和纪念 品（户）	旅游客运 （车、马 等）(户)	向导、导 游、讲解 （户）	土特产品 加工、销 售（户）	农业观光 和采摘 （户）	其他 （户）
3137	1046	330	385	545	537	165	66	32	31
占比（%）	12.6	3.98	4.64	6.57	6.47	1.99	0.8	0.39	0.37

在已从事各种经营项目的户数占三乡镇总户数的比例为21.47%，其中占比最高的农家乐和乡村客栈为7.76%，最低的农业观光和采摘为0.18%。

在意向从事各种经营项目的户数占三乡镇总户数的比例为16.31%，其中占比最高的农家乐和乡村客栈为4.84%，最低的农业观光和采摘为0.21%。

其中已从事或意向从事各种经营项目的户数占三乡镇总户数的比例为37.78%，从事主要项目的户数占总户数最高的为农家乐和乡村客栈，占12.6%，最低的为从事农业观光和采摘，占比0.39%。

第二节 乡村旅游发展问题及原因分析

通过对台怀镇、石咀乡、金刚库乡三个乡镇63个行政村的统计和三个乡镇所在地30个行政和自然村、10条沟谷的实地考察和走访，就目前农民的生产、生活现状，未来生产意向、面临的主要问题和发展生产的困难做了较深入的交流和调研，现将存在问题总结如下。

一、存在问题

一是耕地面积小而散，人均收入低而不稳，其收入主要为非农产业。三个乡镇人均耕地平均 0.79 亩，比同期忻州市人均耕地 4 亩低 80.25%。三个乡镇平均人均收入 4299 元，仅为同期忻州市农村居民人均可支配收入的 65.6%。在三个乡镇农民人均收入中，农牧业收入平均只占 23.33%，最高的石咀乡也只占 44%。

二是乡村旅游辅助性项目多而集聚，独立性项目少而分散。三个乡镇目前主要经营的 8 类旅游项目的调查中，乡村旅游辅助性项目多集中于交通枢纽和中心区，辅助五台山旅游大项目的辅助性项目占总经营项目的 99.16%，独立项目农业观光和采摘只占 0.84%；在意向经营项目中各占 98.74% 和 1.26%，其中又以农家乐和乡村客栈为主，分别占经营项目和意向经营项目的 36.12% 和 29.69%。

三是农家乐和乡村客栈空间集中，规模参差不齐，经营理念保守，恶性竞争强烈。农家乐和乡村客栈的经营者多为本地居民，其客栈多为旧房改造或移民房屋，建筑多集中于一起，在空间上形成拥挤的房屋建筑景观，且在建设或改造过程中有大酒店，也有民居标间和民居小院、饭店等。如石咀乡，经营者多以家庭为单位，在淡旺季均有不同程度的低价竞争，如曹四姐新村最低价位时有 10 元包早餐住宿。

四是土地收购或移民后，劳动力再就业困难。在多数土地被收购的居民或移民中，男性劳动力外出打工，女性和老人劳动力多经营农家乐和乡村客栈或饭店、小卖铺，或经销旅游小商品和纪念品、土特产品等，如曹四姐新村，居民楼 40 户，20 户经营农村旅馆，男性劳动力多外出打工，女性劳动力经营农村旅馆。

五是移民旧村现多林地，草地少而分散，弃耕普遍。移民旧村多由沟谷地外移沟谷口、公路边或其他村，原有耕地弃耕，再加自然条件优越，现多覆盖森林；草地多分布于山地且分散，多数未能形成规模，典型的如曹四姐村，道路沿河入村，除道路硬化外，河滩和道路两侧平地被青杨林、沙棘高密度分布；山地则森林、草地、裸岩、蒿草地相间分布。

六是留守村民年龄偏大，受教育程度普遍不高，思想保守，从事产业单一。在未移民村，多数人员外出打工，留守村民年龄偏大，多初中生，从事传统种植和养殖业，如麻地沟原住居民20户，65人，现7户，10人从事种植和养殖业。移民旧村个别留守人员产业则更单一，多养殖业，如大插箭沟村原有居民7户，现只有1人从事养牛业。

七是缓冲区自然沟众多，生态良好，自然可供科学考察、写生、摄影的自然景观较多，有待开发。调研的10条缓冲区自然沟中，自然人文景观众多，各具特色。如铜钱沟原始村落和自然景观交相辉映；大插箭沟清泉、森林、庙宇动静相宜；南梁沟森林参天蔽日，溪流见底，鸟鸣其间；小插箭沟沙棘夹道，奇山怪石广布。

二、原因分析

一是耕地有限，山地多，平地少且多河滩地，土石混杂，土层较薄。三个乡镇所辖村落多分布于沟谷地区，多山地，三乡镇人均耕地面积0.88亩，面积较大的耕地分布于比较狭窄的沟谷，但面积不算太大，且多石，土层薄。其余分布于山腰，形成小梯田，如小插箭沟、大插箭沟、麻地沟等村落。

二是农家乐、乡村客栈等旅游或旅游服务项目缺乏整体规划，管理混乱。

缓冲区内不同规模、不同等级的"农家乐"、乡村客栈及居民房等混杂一起，形成的物化景观参差不齐，风格各异，出入道路宽窄不一等，不但给客人留下景观不协调的感觉，也给部门管理造成困难，如石咀乡的金莲花酒店和周围农家乐。而旅游小纪念品的销售更加无序，如佛珠、佛香、佛像等的销售有店铺销售、地摊销售、个人游走销售，有的甚至进行强制性销售等。同时，如遇到问题多部门插手，不能协调解决。

三是政策限制性项目多，农民致富顾虑多，缺乏创业热情。

五台山从20世纪90年代开始政策限制民间开发、征用土地，尤其是宅基地，使周围老百姓修缮房屋、道路维护等所需的简单建筑材料（如沙、砖、木材等）不能运入，危房隐患普遍，居住空间狭小，已经影响到了居民的正常生活和生产。这样一方面激化了村镇管理者和村民的矛盾，另一方面使民用建筑建设更加混乱。旅游开发缺乏整体、统一规划，使有创业、有创新动机的村民担忧土地政策、旅游政策等变化而停滞不前。

四是未形成稳定的扶持政策和创业引导机制，缺乏长期有效的致富平台。长期以来五台山尽管在环境建筑、景区资源开发、服务项目开发进行了大的投资或招商引资，但就农民而言，尤其是失去土地的农民，未根本解决其就业问题，其难以享受政策性扶持，更谈不上科学而精准地引导其再就业或创业，某些有致富想法、做法的农民也因缺少必要的平台而搁浅，如台怀镇东台沟村旅游区辐射薄弱地带，村民已建厂房准备加工当地土特产品，因土地未落实而闲置。

第三节　农民增收问题及原因分析

五台山景区是景区带动型乡村旅游发展的典型，近年来，五台山景区文化旅游业得到较快发展，在国内外的知名度不断提高，但也面临诸多矛盾急需破解，尤其是景区发展和农村发展不同步，给农民生产生活、就业增收、权益保障等方面带来一系列新问题。

一、农民增收问题

（一）农民失地重

二轮承包时，台怀镇耕地面积 9794 亩，人均耕地 1.75 亩，现有耕地面积 3666 亩，人均耕地 0.46 亩。二轮承包时，金岗库乡耕地面积 4816 亩，人均耕地 2.26 亩，现有耕地面积 1202 亩，人均耕地 0.5 亩，主要分布在边远山庄窝铺。近年来金岗库乡失地农民达 1900 多人。金岗库村共征地 1311 亩，完全失地农户 330 户；大甘河村原有土地 1000 亩，人均 1.2 亩，现有土地 120 亩，人均 0.15 亩，完全失地农户 306 户，如村民王成文家原种 6 亩地，现仅有 0.6 亩。农民失去主要谋生渠道，又没有太多就业门路，导致有的人成为游商游贩，在景区带游客卜香、强行塞福字；有的成为黑导游，诱导客人购物、吃饭、朝台、住宿，从中收取回扣；有的私自拉客跑出租、朝台，严重影响了旅游秩序和景区对外形象。

（二）就业范围窄

据调研统计，景区农民就业主要集中在第一产业和第三产业，第二产业微乎其微。从事第一产业的有 2964 人，占总劳动力 60.4%，其中从事种植业 1739 人、畜牧业 668 人、林业 132 人；从事第三产业的有 2804 人（第一产业和第三产业有兼业现象），占总劳动力 57.2%，有 2037 人从事旅游业，其中餐饮业 553 人、旅游纪念品销售 436 人。此外，还有交通运输、环卫保洁、建筑施工等相对低端的行业，而在宾馆单位、旅行社、导游、摄影等行业的较少，景区持证导游 314 人，其中五台山籍仅 9 人，占比为 2.9%。调研中农民对就业安置有埋怨情绪，期盼政府帮助就业。

（三）居住条件差

景区农户有 4107 户，宅基地为 3443 宗，宅基地面积为 1317.2 亩。1997 年以来，景区政府冻结宅基地审批，不准重新翻修房屋。18 年来随着人口增加，住房严重短缺，危房比例逐年增高。景区危旧房有 508 户。台怀镇离景区 9 公里的南塔村，全村 43 处宅院，32 处是危房；清凉社村 44 户居民留在村里的仅有 12 人，危房空房近 40 户。农民急切盼望加快危房改造，解决好宅基地问题。

（四）生活成本高

景区的扩展和游客的增多，打破了景区过去多年来传统的自给自足生活，加之高寒冷凉气候的局限，各项保护性规划的相继实施，农民生活成本也随之增高，日常生活中粮油果菜不能自给，需要购买；过去烧柴燃煤改为无烟煤，花费增多，每户每年增加开支约 400 元；农村中小学寄宿制，不少家长租房陪读，增加开支；景区日常生活用品价格明显高于山下市场；中心区首批搬迁户，除购置新房外，日常生活开支诸如物业、供暖、卫生等费用增大，却没有稳定的收入来源，收支矛盾和生活压力增大。

（五）收入增长慢

2017 年景区农村居民人均可支配收入 5714 元，比五台县 6235 元、忻州市 7588 元、全省 10788 元分别低 9%、33%、89%。农村居民人均可支配收入中，经营性收入占 77.5%，工资性收入占 6.8%，财产性收入占 2.2%，转移性收入占 13.5%；在经营性收入中，第三产业收入最高，达到 2592 元，占经营性收入的 72%，养殖业收入 520.5 元，种植业收入 389 元。调研走访发现，高收入家庭少，低收入家庭多，低收入家庭基本靠种植业的微薄收入。据县扶贫办提供的数据，仍有755户1999人处于人均2800元贫困线以下，分别占总户数、总人口的18%、20%。从2005年到2017年13年统计情况看，景区农民人均收入从2207元增到5714元，增长1.58倍；五台县从1737元增到6238元，增长2.58倍；全省从2890元增到10788元，增长2.73倍。

二、原因分析

五台山景区在扩张和发展过程中，已经引发和潜在的矛盾问题，需要从深层次上寻根探源，补短治本。

（一）农村经济发展活力不足

1. 自然条件制约了传统农业升级发展

五台山人均耕地少，地块细碎，农业立地条件差，不利于传统农业的提档升级。传统种养业要规模发展会受制于土地，要发展农产品加工业，又受制于环境保护的规定。新兴产业的发展严重滞后，绝大多数农户仍停留在传统的种养方式和台蘑、中药材等野生资源的采摘，甚至农村传统的豆腐坊、粉坊也都因污水排放问题而关闭。林业资源作为最大的资源，但林下经济却没有很好发展起来，农民只是在护林防火、公益林保护中获得国家和政府补贴，资源优势没有真正成为产业升级的经济优势和未提供农民增收致富途径。

2. 资源保护限制了农林牧融合发展

景区拥有丰富的林草资源，林地面积30.8万亩，人均30亩；草地25.7万亩，人均26亩；高山草甸面积2.9万亩，素有草坡放牧、以牧为生的传统，曾为华北重要的骡马集散交易地。每年六月初六，五台山骡马交易大会闻名遐迩。同时，景区还拥有较高品位的金矿、铁矿等资源。近年来，一系列保护规划相继出台，诸如公益林保护、高山草甸保护、世界遗产保护、地质公园保护等。特别是 2009 年以后，省政府决定在全省实施封山禁牧，禁止开采矿产资源，出现了发展畜牧业与保护生态林、保护高山草甸的矛盾，保护地上资源与开采地下矿产的矛盾。一些厚道听话的农民感叹"保了资源，少了资金（收入），好了生态，赖了生活"；一些法规意识淡薄的农民，仍然延续传统的放牧方式，随意放牧、禁而不止，亿万年形成的高山草甸，常因放牧、采药、开矿、修路而遭到破坏。在景区，保护不足、发展不够的现象同时存在。

3. 农民素质弱化了新兴产业加快发展

近年来，随着入山游客量逐年增多，饭店、旅店、商店等服务业需求也逐年加大。2017 年景区个体工商户有 1350 户，各类企业 163 户。随着休闲养生、朝山礼佛、乡村旅游、生态探秘的兴起，农村游客量也逐年增多，但在这些新兴的产业中，原住民参与的人数比例不高，主要原因是农民文化素质低，大多数农民仅有初中以下文化，有致富愿望，但缺乏适应新兴产业的技能，不少人只能就近打工，勉强做一些小工零工、清杂保洁工。一些乡村开办农家乐，绝大多数条件简陋，标准不高，缺乏特色，服务不周，难以吸引游客，甚至出现饭店旅店之间、农家乐之间的无序竞争，有的村农家乐为吸引游客承诺包早餐住宿一晚 20 元。

4. 农民组织化程度低影响了共同发展

据调查，景区农村现有各类农民专业合作社 48 个，数量少、规模小，对农户的带动力也十分有限。种养大户、家庭农场、专业合作社、农业企业等新型农业经营主体缺乏，农民的组织化程度相对较低。

（二）农村建设管理统筹不力

景区和农村建设管理统筹不力，带来不少新的问题，景区扩张压缩了农村的生活空间,景区保护制约了农业生产的延伸空间,景区管理逼退了农民就地城镇化的选择权。

1. 农村"三化"问题加剧

调研中发现,核心景区乡村人口集聚效应明显,边远山区凋敝萎缩还在加速,农村空心化、农民老龄化、农业兼业化现象较为普遍,一村几人十几人并不罕见。金岗库乡 10 个行政村,相对偏远的 5 个村或搬迁或陪读或经商,集聚在金岗库村和大甘河村,麻地沟村、安家沟村、马圈沟村、大插箭村、南梁村现在已经人口稀少。台怀镇清凉社村,总人口 117 人,常住人口仅有 12 人,男性最小年龄为 50 岁,女性最小年龄为 70 岁。景区农村人均只有 0.6 亩耕地,因此主要是留守在村的老人耕种。没有养老院和日间照料中心,缺医少药是普遍现象,留守老人的养老问题矛盾突出。

2. 公共设施配置不合理

近年来,特别是申遗前后,五台山景区基础设施有了较大改善。与之形成鲜明对比的是,景区乡村两重天,乡村发展基础设施严重滞后,核心区村庄污水处理设施配套不到位,生活污水向清水河排放;乡村道路破损严重,农民出行难,游客不愿意去;许多村柴禾乱堆、垃圾乱倒,公厕简陋,游客如厕难。农村电网老化,办农家乐,接三相电都困难,天然气已接入景区,但入户费用高达 1.5 万元,农民交不起,只能"望气兴叹"。这些问题影响了农民生产生活,降低了景区在游客心中的地位,影响了乡村旅游发展和农民增收致富。

3. 城镇化路径选择进退两难

边远乡村向城镇集聚是城镇化的主要路径,台怀镇多年已成为景区人口集聚的首选之地。但是按景区规划和文物保护、遗产保护要求,风景区实施了居民调控点规划,调控原则是:核心景区内居民点全部搬迁；高山区生活环境恶劣，人口规模少于 100 人的居民点全部搬迁；搬迁地向金岗库至石咀或基础较好的村庄集聚。2008 年申遗期间，组织实施了一期核心区搬迁，共 129 户、456 人，搬迁至核心景区外金岗库乡移民商住区；搬迁户按规定补偿外，安置就业等政策承诺难以兑现。村民失地后，生活成本加大，幸福感降低，与原来生活形成很大反差，群众意见很大，同时也给以后的搬迁带来很大的困难。按规划要求，核心景区台怀镇整体应该搬迁 14 个行政村，5 个自然村，共1370 户、4365 人。现在搬迁工作遇到的突出矛盾是搬入地基础设施配套差、就业渠道少、公共服务保障水平低，群众有的在观望，有的在等待，加之政府债务沉重，是就地城镇化还是易地城镇化，路径选择面临两难境地，这一问题应该引起高度重视。

（三）景区政府服务"三农"职责缺位

1. 观念陈旧

许多干部群众沉醉于五台山金字招牌，因循守旧，视野不宽，缺乏开放、保护、发展、市场、法治、创新理念。在发展定位上，重佛教文化，轻生态文化，重中心景区，轻边远乡村，没有将丰富的自然生态资源打造成优质的旅游产品。在景观开发上，重寺庙建设，轻农村开发，景区乡村两重天，乡村旅游的潜力远远没有释放，符合现代游客消费趋势和现代休闲度假型的产品缺失。过去是"白天看庙、晚上睡觉"，现在是"上午上山，下午下山"，旅游产业业态单一，产品缺乏创新，带动景区农村发展和拉动农民增收动力不足。在旅游设施建设上，重宾招单位，轻基础设施配套，旅游硬环境不尽如人意。在管理服务上，重僧众权益，轻农民权益，乡村及农民边缘化趋势加深。申遗前后，中心区农民牺牲不少权益支持景区发展，但景区支持农村、旅游反哺农业、以旅促农、以景带乡的机制尚未形成。

2. 体制不顺

景区体制既存在多头管理、机构重叠、职能交叉等问题，也存在权责不明、政事不分和管理缺位问题。就三农工作而言，突出问题是，景区党政班子没有分管三农工作的领导，没有设置专门的职能部门。景区 599 平方公里既涉及五台，也涉及繁峙，共 8 个乡镇、77 个行政村，但景区政府行政范围只辖管台怀镇和金岗库乡 2 个乡镇 32 个行政村，这种地域分割、管理分割的体制，导致发展建设管理政出多门，十分不利于统筹谋划"三农"发展和景区发展。

3. 规划迟滞

五台山风景区总体规划、保护规划 15 年迟迟不能出台，直接导致景区镇村体系规划、产业发展规划缺失，引发了大量和农民生产生活紧密相关的社会问题，且越积越多。比如农民住房，一方面，多年不批宅基地，农村危房难以改造；另一方面，违规乱修乱建现象严重，农民群众对生产生活环境改善呼声十分强烈，意见较大。以移民搬迁工作为例，除一期杨林街、鱼儿湾、太平街、马道、钟楼街部分完成搬迁外，后续工作基本停滞。

第四节　五台山乡村旅游发展路径

一、五台山乡村旅游开发优势条件

（一）沟谷纵横，村落稀疏，庙宇散布

景区缓冲区及外围地区沟谷连绵分布，如东台沟、大插箭沟、小插箭沟、铜钱沟等，基本 3—5 村为一条沟或一村一沟，为乡村旅游提供了广阔的空间和丰富的资源。同时沟谷村落庙宇分布其间，基本上一村一庙，一沟几庙，庙庙独具特色，如小插箭沟中的龙华寺，山川环绕，泉水潺潺，为佛家修身之地；南梁沟中的关帝庙，坐落山间，远似青龙、白虎坐守寺庙。

（二）山清水秀，孕育了众多的珍禽异兽

景区内部植被基本全覆盖，而且形成了梯田、落叶阔叶林、针阔混交林、灌木林、亚高山草甸草原的垂直变化，为各种鸟兽提供了优越的生存环境。同时由于人类活动较少，植被覆盖高，森林氧吧广泛分布，清泉溪流清澈见底，如南梁沟、大插箭沟等是开展写生、科考、摄影的理想场所。

（三）土特产品种类丰富，分布广泛

五台山特有的地理环境和地形地势的起伏，形成了植被和耕地特有的垂直梯度变化，孕育了丰富的地方性土特产品，如台蘑（7个品种）、金莲花、万寿菊、藜麦、玛咖等一系列农副产品、中药材和观赏花卉。独特的自然环境形成了优越的草甸草原和优质牧场，为特色健康畜牧业的发展奠定了良好基础。

五台山发展乡村旅游的基础和条件差别很大。因此，必须进行科学分类，分别对待。同时，科学划分旅游区范围内乡村的不同类型。

二、科学划分旅游区范围内乡村的不同类型

（一）按旅游区位分类

三个乡镇在五台山旅游格局中所扮演的角色是不一样的。南、北、西三个景区出入控制口之内是五台山旅游的核心景区，五台山的核心资源与产品主要集中于此，是一般游客进山旅游的首选之地。而台怀

镇的绝大部分乡村位于核心区，所以是五台山旅游的核心乡镇，村落村民参与旅游业比较普遍。据调查统计，全镇共有1201户从事客栈、餐馆、旅游商品纪念品销售、旅游客运等旅游服务，占总户数的39.27%，远高于三个乡镇的平均数（22.98%），是平均数的171%，台怀中心区的村落从事旅游服务的比例更高。当然，由于位于核心区内，对于乡村旅游的项目建设、业态部署的限制也比较多。

金岗库乡是南入口的所在地，所辖村落部分位于核心景区之内，部分位于核心区外，重要性仅次于台怀镇。村落村民参与各种旅游服务的户数为182户，占总户数的比例为14.33%，相当于三个乡镇的平均数的62.35%，而且主要集中在进山道路两边的大甘河村、金岗库村、小估计沟村。该乡核心区以外的部分发展乡村旅游的空间很大。

石咀乡处在旅游景区核心区以外，从事旅游服务的户数为160户，占总户数的比例为6.7%，仅相当于三个乡镇平均数的29%，而且主要集中在石咀村。但是，该乡旅游发展与建设的限制条件相对较少，而且空间较大，乡村旅游发展的潜力巨大，是发展乡村旅游的重点区域，也是此次调研的重点。

当然，三个乡镇所辖63个行政村由于自身的区位等原因，旅游参与程度也各不相同。

（二）按旅游参与度分类

改革开放以来，五台山旅游发展已经走过40年，期间离不开相关村镇的参与，但由于地理位置和道路交通的关系，三个乡及其所辖村落参与到五台山旅游的程度差异很大。一般来说，核心景区内的台怀镇参与度最高（39.27%），核心景区外的石咀乡参与度最低（6.7%），金岗库乡的参与度介于二者之间（22.98%）；位于交通要道两边的村落旅游参与度较高，离开交通道路的村落参与度较低，而且随着距离的增加参与度递减。那些既位于核心区又毗邻交通线的村落参与度最高，比如台怀镇台怀村 177 户当中有经营户 115 户，而光明寺村几乎户户都从事旅游服务，242 户当中有 254 个经营户（有的农户兼营多种旅游服务）；而那些既不在核心区又远离交通主线的村落参与度最低，比如台怀镇的清凉社村 110 户当中只有 4 个经营户，日照寺村 83 户人家只有经营户 10 户；有的村落甚至根本与五台山旅游毫无关系，比如金岗库乡的大插箭村、宽滩村、麻地沟村，石咀乡的李家峪村、大底村、铜钱沟村等。按照与五台山旅游的关联紧密程度，这些村落大体上可以分成参与度很高、较高、较低和没有参与四类。

三、科学选择乡村旅游的发展模式

由于各乡镇及村落发展旅游的基础与条件各不相同，乡村旅游的发展路径与模式就应该有差异。五台山的乡村旅游发展本着围绕五台山的旅游大主题和大品牌，服务五台山大旅游，丰富五台山旅游内容和业态，扩展五台山旅游空间和项目，延伸五台山旅游产业链，取得更好的经济、社会、环境效益，更好满足旅游市场需求的原则，根据五台山景区乡村的不同类型的实际情况，参照乡村旅游发展的一般途径，因地制宜，因村制宜，分别选择和采取下列乡村旅游发展方式。

（一）加强基础设施建设和市场监管，提升乡村旅游发展环境

三个乡镇共有各式经营户 1543 户，分别从事农家乐客栈、餐馆、小卖铺、旅游客运、导游讲解、土特产加工销售、农业观光采摘等旅游服务，但普遍存环境卫生条件不好（村中农民都在烧煤，基本没有污水处理设施，垃圾收集处理设施欠缺）、住宿设施简陋、管理与服务不到位等程度不同的问题，既有低价揽客恶性竞争，也有价格欺诈、拉客、宰客等不良行为。这既影响游客的旅游感知质量，也有损于五

台山良好的旅游形象，而且不利于经营户的根本利益与长远发展，这是目前五台山乡村旅游所面临的最主要问题。

发展乡村旅游就必须要通过强化市场监管，建立并推行行业规范、服务标准，加强对经营户职业道德、经营管理知识、业务技能、服务操作规范等方面的培训指导，使其树立不断学习、诚信经营、优质服务的理念，全面提高从业者的综合素养。同时要由政府出面加强基础设施建设，推进五台山气化工程，改烧煤为用天然气，妥善处理垃圾和污水。

（二）在民宿经营方面逐步推行主题客栈模式

五台山景区共有农户住宿单位 644 家，但几乎是同类型的简单住宿场所，根本谈不上文化氛围和经营主题，普遍价格较低，住客评价较差，没有多少吸引力，游客多是出于省钱考虑而入住，或者由于节假日游客太多，没有其他住处不得已入住，这些农家客栈大都停留在"有间房、有张床"较原始的发展阶段，这种落后局面亟待改变。

这方面五台山景区已经有了样板经营户。位于台怀镇车沟村的易安客栈，以鲜明的文化主题、浓浓的文化氛围、精致的客房设计、宽阔的公共空间、便捷的网络预订、良好的管理与服务，赢得了住客的一致好评，口碑效应明显，回头客较多，尽管只有 30 多个床位，但入住率较高，取得了可观的经济和社会效益，目前该客栈正在扩大经营面积。

五台山现有的民宿客栈和将要新建的客栈，应该借鉴易安客栈的成功经验，开发不同主题、不同档次、不同风格、不同特点的民宿客栈，以提升五台山住宿接待的整体水平，增加客栈的经营收入。不具备改变条件的客栈，也应该在客房、走廊装点一些书法、摄影、绘画或剪纸作品，营造一些文化氛围，增强客栈的吸引力。

（三）餐馆饭店需引进不同特色风味的菜品

吃饭是旅游过程中必不可少的消费，五台山三个乡镇现有155户旅游餐饮经营户，但经营的菜品、主食比较单一，风味、特色餐馆较少，游客的感受不佳，评价不高，饭店效益也不好。

这方面应借鉴陕西袁家村、永济水峪口的成功经验，在保留五台山餐饮特色基础上，有选择地引进全省各地的风味小吃和特色餐饮，加强厨师及服务人员的培训培养，提高菜品的质量，丰富餐饮品种，让游客有更多选择，在提升食客的美食感受的同时，取得更好的经济收益。

（四）加强土特产加工和旅游纪念品制作

购物是乡村旅游的重要内容，但是五台山的旅游购物特色不太明显，产品种类不够多，土特产品加工和旅游纪念品生产能力较弱。三个乡镇共有旅游小商品经销户356户，土特产加工户20户，而且档次不高，效益一般。

五台山的农村应该大力发展土特产品的生产和加工业，比如金莲花、台蘑、六道木以及小杂粮等，通过初加工、深加工和精美包装，大幅提高土特产品的价值。另外，引导女性劳动力从事剪纸、刺绣、纳鞋底等手工制作，这些手工作品可以在宾馆、农家客栈和旅游纪念品销售点出售，这是增加农民收入的有效途径。

（五）发展为旅游服务的农业种植养殖

五台山每年有几百万游客，要消费大量的蔬菜、肉类、鸡蛋、小杂粮等，三个乡镇的农民尤其是离台怀较远的乡村，可以种植无公害绿色蔬菜和杂粮，饲养土鸡，放养牛羊，直接供应五台山的宾馆、饭店，一些宾馆、饭店可以与乡村农户直接对接，将其作为优质蔬菜、杂粮、土豆、鸡蛋、牛羊肉定点供应基地，定期上门收购，农民和商户可实现互利双赢。有条件的村落还可发展大棚蔬菜种植基地，延长蔬菜供应时间，增加经济收入。

同时，要改变玉米、土豆单一种植状况，利用大田种植发展观光农业和采摘体验旅游，可以种植藜麦、万寿菊、党参、柴胡、油菜、苜蓿等兼具观赏价值的经济作物，利用优质草坡发展牧场观光，实现农业、牧业与旅游观光的融合发展。

石咀乡的新路沟几个村适合发展旅游农业种植，铜钱沟的铜口子村、铜钱沟村、石上庄、大底、李家峪等适合发展旅游种植和养殖，金岗库乡的大插箭村、麻地沟等村，台怀镇的日照寺村、大南庄、宽滩等西南部村庄也适合这样的产业。

（六）发展禅修、避暑度假村落

佛教文化和清凉气候是五台山两大优势资源，乡村旅游要利用好这两大优势。在离开台怀镇较远的村落可以有选择地建设禅修、避暑、度假村落。比如台怀镇的东台沟村，位于东台沟的沟底，环境非常好，村落房屋建设比较规范，已经有一些居士购买了农家房屋居住，或租住在村民的房屋。政府可以引导农户把多余的房间拿出来加以改造，为游客禅修、避暑、度假所用，逐步建成禅修度假村。台怀镇的庙沟村、清凉社村等也都适合这种模式。

（七）将环境条件较好的空壳村开发为高档度假村

三个乡镇有不少山庄窝铺已经成为无人居住的空壳村，这些空壳村也是一种潜在的旅游资源，可以在详细考察的基础上，选取环境条件较好的空壳村开发成度假村。比如，金岗库乡的小插箭旧村和台怀镇曹四姐旧村等基本符合这一条件。尤其是小插箭旧村，村民几乎全部移到沟外居住，现有 20 个左右的空置院落，仅有两位老人留守，村庄离沟口不远，村村通水泥路，中间正在兴建大宝寺。小插箭旧村四面环山，有不少可以耕种的田地，村边有一股山泉和较大空地，可建停车场及其他游客公共服务设施，还有一座僧人居住的寺庙龙华寺，各方面的条件都很好。政府可以引进开发商，通过原住户入股的方式共同开发成一个档次较高的度假村。

（八）开辟几个别具特色的乡村艺术村落

大专院校师生写生，艺术家摄影、绘画，以及摄影爱好者是一个特殊旅游市场。五台山大环境十分优美，村落建设也有地域特点，具备吸引此类游客的资源条件。

初步考察，石咀乡铜钱沟尽头的李家峪村就是一个比较理想的艺术村。该村位于晋冀两省三县（五台、繁峙、阜平）交汇处，建在半山坡上，大约有几十个院落，七拐八拐的小巷用较大卵石铺就，把各家各户连接起来，每个院落和房屋的墙体都是用不太规则的青石砌垒，层层叠叠，构成极具艺术观赏性的村落景观。四十多户村民主要以养羊、养牛为主业，村外山坡就是天然优质高山牧场，沟中山泉汨汨，山坡林草茂密，自然环境十分优美，是绘画、摄影的理想基地。可以由五台电视台先拍摄纪录片加以播放宣传，引导开发商适度投资，整修一下破损危险的街巷、院墙和房屋，整饬一下环境卫生，利用质量较好的几处院落作为食宿处和画室，吸引艺术院校师生和艺术爱好者前来，也可以举办主题艺术活动扩大市场影响。

（九）挖掘红色旅游资源，发展红色旅游

五台山作为革命老区有大量红色旅游资源，比如塔院寺毛主席路居处、金岗库的晋察冀军区司令部旧址、军区政治部旧址、晋察冀省委旧址、军政干校旧址、抗敌报社旧址，以及石咀乡的晋察冀边区银行旧址、烈士纪念碑等，利用这些红色资源，加以适当开发，推出五台山红色旅游线路。由于这些红色点大都在乡村，通过红色旅游可以促进五台山的乡村旅游发展。

（十）自驾车房车营地建设

自驾车旅游已经成为旅游发展的大趋势，五台山的自驾游客比例在不断上升，五台山需要建设自驾车房车营地。建设营地需要较大空间，台怀核心区没有这样的空间，也不合适建营地。据我们考察，石咀乡的铜钱沟沟域宽阔，可用空间大，比较适宜建大型自驾车房车营地；金岗库乡的大插箭沟、台怀镇的宽滩沟也都适合建小型自驾车营地。通过建设营地吸引游客到来，附近农民可以通过提供相关服务增加收入。

（十一）选择适宜的地点建设滑雪场

五台山气候寒冷，冬季降雪量大，雪覆盖时间较长，适合建设山地滑雪场。由于五台山是世界遗产地、国家风景名胜区、国家森林公园，其核心区不适合建滑雪场。滑雪场应该建在外围区域，可以考察宽滩沟、铜钱沟、大插箭沟等较大沟壑，选择坡度适宜、有水源、有足够场地的山坡建设滑雪场，附近村民通过提供相关服务可以增收致富。冰雪活动也可以改善五台山冬季游客稀少的局面。

（十二）开展户外徒步、山地自行车越野旅游项目

五台山地区环境优美，森林草地覆盖率高，空气质量优良，而且多是沟壑山地，非常适合开展山地徒步旅游，比如徒步登五个台顶，在五个台顶下面的村落，如东台下面的东台沟村、南台下面的大南庄村、北台和中台下面的阳坡道村，均可建设徒步登顶大本营，为徒步旅游者提供相关服务和保障，可以增加农民的旅游收入。当然，徒步

158

登山线路也要纳入规划管理，做必要的步道及配套设施建设。

另外，结合户外运动和比赛需求，可以开发几条山地自行车越野线路，发展体育旅游。越野线路尽可能避开繁忙的公路主干道，选择几条较宽敞的沟谷，比如石咀乡的铜钱沟、台怀镇的宽滩沟就比较合适。铜钱沟长度约20公里，可以在村村通水泥路的基础上来设计路线，中间和终点依托沿途村落提供必要服务，带动村民致富。宽滩沟的东段已经建成几公里连通各村的水泥路，但没有和西段的大南庄、日照寺村接通，把东西两段的水泥路接通，就能形成一条将近8公里的自行车越野车道。

（十三）发展传统民俗度假村

民俗文化是乡村旅游的重要资源。五台山地区的民俗文化丰富多彩，可以选择传统生产生活方式保存较好的村落，建设以民俗体验为主题的特色度假村，整理出一些农家小院，恢复一些传统作坊，比如油坊、磨坊、豆腐坊等，开辟一些小菜园，喂养一些小动物，让游客亲身参与体验农村生产生活。农家妇女可以学习从事剪纸、刺绣、缝制鞋底、花帽、花鞋等，引进雕刻艺人制作雕刻纪念品，并不时举行一些小型民俗节日活动，开展乡村传统娱乐活动，增加文化气氛。

（十四）建设特色旅游小镇

目前，三个乡镇的农民正在向中心集镇以及公路干道两边汇聚，五台山核心景区外围有必要建设特色旅游小镇，既满足偏远村落农民改善生活条件的需求，又能够集中部署旅游服务设施和场所，开展一些参与性、娱乐性较强的活动，可体现五台山核心区和外围"一静一闹"的基本特点。石咀乡的石咀村是建设旅游特色小镇的理想之地。这里距离高速口很近，310省道从村边穿过，是五台山景区的南大门和交通枢纽，人流物流繁忙，现在已经聚集了一些酒店、餐馆、商店，而且有一个颇具特色的禅文化主题酒店（金莲花酒店），还有一个跨省商品集市，每十天举办一次，人流量很大。

石咀村可以将禅文化特色小镇作为自身定位。首先做好建设规划，建筑设计和街道"家具"要突出禅文化元素，营造禅文化氛围。游客一方面在这里享受美食、娱乐、体验、购物等旅游服务，另一方面体验禅文化，习得礼佛拜庙的仪轨知识，为进山朝拜做好准备。通过旅游小镇建设，一方面分流五台山核心景区的游客，丰富五台山旅游的内涵；另一方面为当地农民提供就业和开办旅游服务实体的机会，增加农民的收入。

（十五）漂流及水上游乐

清水河的水流量基本可以满足皮筏漂流的需要，在石咀村上游大约两公里处，已经开发了一个漂流项目，但配套设施比较简陋，也不够美观。应该在此基础上进一步提升完善相关配套建筑设施，还应吸纳当地农民入股经营，为当地老百姓增加收入，让农民直接享受这一项目带来的好处。

另外，在石咀小镇附近合适的河段拦坝蓄水，开展水上游乐项目，既可以改善生态环境，美化旅游小镇，又能有效增加游客的活动项目，延长停留时间，为当地农民带来新的商机。

（十六）关于项目实施的时间安排

对于上面提出的乡村旅游项目，如果确认可行，还需要明确项目实施的时间安排。每个项目都要有明确的起始时间点和实施所需要的时间长度，换句话说，就是要有项目年度计划，按照项目的轻重缓急来合理安排。

160

第五节　重点任务与保障政策

一、重点任务

综合以上分析，五台山乡村及农民发展方面存在的问题和原因，要求景区依托型乡村旅游要实现景区和乡村包容发展、科学发展、持续发展。

（一）始终坚持景乡发展一体化的理念

景区发展要高度重视空间布局、各方权益、保护利用等几方面的重要问题。在空间布局上，统筹好旅游吸引物、乡村、山水生态的关系，这是景区发展的载体；在各方权益上，统筹好旅游企业、游客和农民利益的关系，这是景区发展的动力；在保护利用上，统筹好保护、开发和利用的关系，这是景区发展的根本。乡村是景区发展载体，农民是景区发展主人。在景区规划中，要充分考虑周边农村作为主体的重要地位；在市场运作中，要重视激发农民的主人意识、责任意识；在利益分配中，要依法保障农民的正当权益。要防止景区发展过程中，出现农民边缘化和利益受损的情况。不断构建"旅游反哺农业、景区支持农村、以景带乡、以旅促农、景乡同步共享发展成果"的良性机制，让旅游真正成为推动农村经济社会发展、带动农民增收致富的重要支柱产业。

（二）制定完善乡村旅游发展规划

在"乡村旅游发展规划"指引下，抓紧编制镇村体系规划、村庄建设整治规划、乡村旅游发展规划。保留哪些村、整治哪些村、缩减哪些村、做大哪些村，都要科学论证，统筹规划。要通盘考虑，合理布局特色产业发展区、生态休闲旅游区、农民农房居住区。加快农村危旧房改造，对农房分类设计，使房屋生态环境优美、外观形象艺术、庭院布局合理、建筑风格统一。要强化干部群众的规划意识，不规划不设计，不设计不施工，卡死乱修乱建，严格管控风貌。逐步实现农村生产空间集约高效、生活空间宜居适度、生态空间山清水秀的总目标。

（三）切实加强美丽乡村建设

景乡一体化的短板是农村，补短治本的重点是农村基础设施和公共服务。今后几年，要重点实施以路水电气网为重点的基础设施和公共服务完善提质工程，以危房改造、易地搬迁和房屋整修为重点的农民安居工程，以垃圾污水厕所治理为重点的环境整治工程，以宜居宜业宜游为重点的新村示范工程。从农民最关心、最容易见效，也是最容易办到的事情抓起，集中有限的资金，加大对景区住房、道路、环境、公共服务等的投入力度，改善基础设施，提升服务水平。实施政府购买公共服务，把发展景区农村公共事业和景区建设同步安排，同步推进，把农村社会保障纳入景区城镇基本福利体系。

（四）加快发展农村新兴产业

景区发展到今天，农村转方式、调结构的任务已迫在眉睫。要以农业提质增效、农民就业增收为目标，坚持弘扬文化为魂，美丽田园为韵，生态农业为基，创新发展为径，加快发展农村新兴产业。在耕地上想办法，国土上做文章。要大力发展设施农业、休闲农业、特色农业，着力在文化传承和创意设计上实现重大提升，推动农村一、二、三产业融合发展，在景区周边形成休闲娱乐型、民俗文化体验型、设施农业观光型等各具特色、主题鲜明的乡村旅游产品体系。要规划建设具备休闲、度假、运动、养生等服务功能的复合型旅游景区，促进文旅融合、农旅融合。要大力发展农家乐，按星级标准改造提升，优质优价。要加大农民职业培训力度，提升就业技能。景区在同等条件下要优先录用景区村民，积极为景区村民创造就业条件。力争经过几年的努力，让农房成为景点、农田成为景观、农村成为景区。

（五）大力培育农村新型经营主体

要善于培养和发现市场经济的引路人、科技推广的带头人、文化建设的热心人、生态建设的创业人，发挥能人的带动效应，培育壮大家庭农场、专业大户、农民合作社、农业产业化龙头企业等各类农村新型经营主体。要加大培训的力度，着重在开阔视野、提升技能、强化管理上下功夫。要探索外引内联、村企联动、村社共建等方式，激发各类新型经营主体的活力。要强化社会化服务体系建设，构建以农户家庭经营为基础、以合作与联合为纽带、以社会化服务为支撑的立体式复合型经营体系，提升各类新兴产业的集约化、规模化、产业化水平。特别要注重培养一批实力较强、管理规范、服务优质的乡村旅游合作社，推动乡村旅游提档升级。

（六）不断深化农村产权制度改革

要完善农村土地所有权确权登记、建设用地和宅基地确权登记、林权改革与颁证，加快推进农村土地承包经营权确权登记颁证。积极稳妥开展农村集体产权制度改革，对符合规划和用途管制农村集体经营性建设用地而言，将赋予其出让、租赁、入股权能。改革农民住宅用地取得方式，探索农民住房保障新机制。推进农村产权交易市场建设，赋予农民更多财产权利，激活农村各类生产要素潜能，建立符合市场经济要求的农村集体经济运营新机制，依法保护乡村与农民的财产权和集体收益分配权等合法权益。

二、保障政策

（一）建议制定旅游企业效益与农民利益共享的政策

农村是乡村旅游的主体，农民是乡村旅游的主人，农民生活得不到改善，收入得不到保障，不能共享景区发展成果，就会产生旅游企业和乡村及农民的矛盾，进而引发一系列的社会问题。在五台山景区申遗过程中，农村为景区做出了重要贡献，农民为景区也牺牲了利益，建议借鉴峨眉山等著名景区的景农利益分配机制（峨眉山从 2004 年起每年从旅游总收入中提取 6‰，支持原住农民发展绿色产业和旅游项目），把景区收入按一定比例让利于民，让农民、农村共享景区发展成果。

（二）建议出台鼓励支持乡村旅游和休闲农业发展的政策

发展乡村旅游和休闲农业是实现景乡一体、农旅一体的重要途径。认真落实农业部、财政部、发改委等 11 部委《关于积极开发农业多种功能大力促进休闲农业发展的通知》《乡村振兴战略规划（2018—2022年)》。明确用地政策，支持农民发展农家乐，闲置宅基地整理结余的建设用地可用于休闲农业，鼓励利用村内的集体建设用地发展休闲农业，支持有条件的农村开展城乡建设用地增减挂钩试点，发展休闲农业，鼓励利用四荒地发展休闲农业，建设用地指标给予倾斜。加大财政支持，落实税收优惠政策，休闲农业用水用电享受农业收费标准。拓宽融资渠道，鼓励利用 PPP 模式、众筹模式、"互联网＋"模式、发行私募债券等方式融资。

（三）探索特色的旅游精准扶贫路子

一是精准扶贫对象。乡村旅游可以扶贫，并不意味着所有的建档立卡贫困村都适合搞旅游扶贫。开展旅游扶贫必须要具备相应的资源、交通和市场等条件。

二是精准规划引领。高度重视规划在乡村旅游与旅游扶贫中的引领作用，现已组织开展了全国旅游规划公益扶贫行动，多数省份指导贫困地区科学推进旅游资源开发和扶贫项目建设。如重庆市旅发委会同市扶贫办等提出18个深度贫困乡镇乡村旅游发展实施方案，2018年预算1800万元，用于18个深度贫困乡旅游扶贫策划规划项目补助。安徽省旅发委推动333个乡村旅游扶贫重点村编制乡村旅游开发规划、策划及指南，截至2017年年底，333个重点村已编制规划206个，占61.9%；正在编制规划的为127个。河南省旅游局2017年组织12个旅游规划单位为46个建档立卡旅游扶贫重点村编制了旅游发展规划。山西省也应该加大这方面的工作力度。

三是精准项目安排。旅游扶贫是产业扶贫，是产业就要按照产业规律来做，概要来说，要具备三个条件：一是有一个带头从事旅游扶贫的企业主，二是要能开发出适销对路的旅游产品，三是要有贫困户能够参与的各种组织方式。目前，基层在实际工作中探索创新出了"两带两加"旅游扶贫项目，就是景区带村、能人带户、"合作社＋农户""企业＋农户"，通过景区、能人、合作社、企业等旅游市场主体的投资、运营来带动贫困户和贫困人口分享旅游收益，实现脱贫，这些都是好的旅游扶贫方式。

四是精准分配机制。国内各地在具体运行中探索了五种利益分配机制。一是直接从事旅游经营。贫困地区居民依托山清水秀的特色旅游资源，直接开办农家乐和经营乡村旅馆，成为第三产业的经营业主，极大地增加非农劳动收入，从而脱贫致富。二是在乡村旅游经营户中参与接待服务，取得农业收入之外的其他劳务收入。三是出售自家农副土特产品获得收入，促进当地蔬果种植业、农产品加工业、畜牧业等的产业化规模化发展。四是通过参加乡村旅游合作社和土地流转获得租金。如通过特色民宿的发展，提高农民出租房屋收入。五是通过资金、人力、土地参与乡村旅游经营获取入股分红。积极探索"资源变资产、资金变股金、农民变股东"三变模式，探索农村将生态林、湿地、水面、耕地自然资源进行量化，变成村集体和农户持有的股权，带动农户增收脱贫。旅游企业吸纳村集体和农户以各种方式投资入股，形成公司、村庄和群众共同发展的命运共同体。如村集体以荒废的果园、废弃的村小学等荒地作价，入股旅游公司，既盘活了闲置资源，解决了贫困问题，又发展了集体经济，还解决了公司的土地短缺问题。

五是精准旅游帮扶。充分发挥旅游业就业形式灵活、就业密度大、弹性强等特点，积极开展旅游万企对万村的帮扶专项行动。旅游企业通过多种形式参与帮扶，既解决了企业用工、原材料等方面的问题，又实现了贫困人口的脱贫致富，可谓两全其美。

六是精准旅游培训。治贫先治愚，扶贫先扶志。要引导贫困户参与旅游扶贫、分享旅游发展红利，就必须强化对乡村旅游扶贫带头人的培训，首先要他们看懂、看明白，然后发挥头雁功能和带动效应。为此，省级层面可举办"全省乡村旅游重点村村官培训班""深度贫困地区旅游扶贫专题培训班"，进而可在全国旅游扶贫培训基地，通过课堂教学、案例教学、现场调研等多种形式来培训学员。

本章小结

　　乡村旅游是推动乡村振兴的重要方式，本章分析了五台山乡村旅游及农民发展增收问题，面对五台山景区缓冲带农村环境差、农业生产弱、农民增收慢的"三农"困境，如何突出乡村旅游发展增加农民收入。提出以下发展路径：通过农业一、二、三产融合推进，大力发展乡村旅游，构筑一批实习考察、摄影创作、绘画写真、方程登山等户外活动平台；打造一批民俗农庄、特色餐饮、运动健身、文化体验、森林氧吧等乡村旅游产品；营造僧人佛事活动与农民增收致富的良性互动氛围，不断推进佛教文化、政府服务和农民增收的长足发展。在此基础上提出六项重要任务以及产业发展保障政策。

参考文献

　　[1] 朱专法. 山西乡村旅游发展的理论与实践 [M]. 太原：山西经济出版社，2018.

　　[2] 朱专法. 山西乡村旅游发展研究 [M]. 太原：山西经济出版社，2016.

　　[3] 张世满. 2016—2017 年山西旅游发展分析与展望 [M]. 太原：山西经济出版社，2017.

　　[4] 薛蓓珍. 旅游扶贫重点村民参与旅游活动的影响因素研究 [D]. 西安：西北大学，2017.

　　[5] 向丽. 民族县域社区居民参与旅游经营意愿研究——基于居民感知视角 [J]. 农业网络信息，2016，(8)：93–98.

[6] 赵磊，方成. 社区居民参与古镇旅游经营意愿影响因素的实证分析——以朱家角和西塘古镇为例［J］. 财贸经济，2011，（8）：113－121.

[7] 钟诚. 乡村旅游目的地发展的村民参与意愿及行为影响机理研究——以宁乡市金州镇关山社区为例［D］. 长沙：湖南师范大学，2017.

[8] 马奔，刘凌宇，段伟等. 森林景区周边村民生态旅游经营行为研究——以陕西秦岭地区为例［J］. 农林经济管理学报，2015，14（6）：653－660.

[9] 李伟娜. 基于村民可持续生计的乡村旅游精准扶贫研究——以潍坊牛寨村为例［D］. 青岛：青岛大学，2017.

[10] 吴吉林，周春山，谢文海. 传统村落农户乡村旅游适应性评价与影响因素研究——基于湘西州6个村落的调查［J］. 地理科学，2018，38（05）：755－763.

[11] 陈佳，张丽琼，杨新军，李钢. 乡村旅游开发对农户生计和社区旅游效应的影响——旅游开发模式视角的案例实证［J］. 地理研究，2017，36（09）：1709－1724.

[12] 李鑫，杨新军，陈佳，吴文恒. 基于农户生计的乡村能源消费模式研究——以陕南金丝峡乡村旅游地为例［J］. 自然资源学报，2015，30（03）：384－396.

第六章

五台山风景区安全管理

第一节　五台山风景区旅游风险源调查研究

旅游业高速发展的同时催生并放大了旅游安全风险，目前旅游景区在研究层面上，缺乏完整的景区风险与安全管理理论框架，缺乏符合我国国情的景区安全管理模式，甚至缺乏具有很好借鉴意义的个案研究。因此通过实地调查五台山风景区，有针对性地对所发现的风险源进行调查研究，对景区自身的发展规划和安全管理具有指导性的实践意义。

一、景区风险源概述

（一）景区风险源

景区风险源，指在景区中存在的潜在能量物质在环境因素作用下，释放出危险并转化为事故，造成景区内人员生命财产受到损失、环境生态遭到破坏。其实质是景区内具有潜在风险的特殊因素，是发生旅游事故的原因，是不安全物集中的中心。它存在于景区的确定系统中，但存在于景区不同的区域范围内。因此对景区的风险源进行调查研究，是一项关乎景区发展的、紧密而又有必要的工作。

（二）景区重要风险源分类

景区作为特殊的旅游产品，地点场所是固定的，具有季节性，但销售产品和供游客消费可以同时发生，所以景区的安全管理不仅要涉及旅游产品的生产过程，同时也要兼顾旅游者在旅游六要素（食宿行游购娱）中的需求。根据国标《生产过程危险和有害因素分类与代码》，我们主要从环境场所、社会环境、游览设施和游客自身等角度对景区重要风险源进行大致划分，具体如表 6.1 所示。

表 6.1　景区重要风险源分类表

风险源类别	风险源识别	分项
环境场所类	地质、地形	坡度、植被类型、地貌类型
	功能分区	住宿区、餐饮区以及当地居民生活区划分 各功能区环境卫生状况
	气候气象	气候状况、暴风雨雪等突发天气频次
	抢险救灾	恶劣突发天气下救援抗灾工作
	交通条件	车况路况、路面标识、安全防护设施
	建筑物	通道、材料性质、布局、结构、间距、采光等
	自然灾害	气象、海洋、洪水、地质、地震、农作物、森林灾害等
社会环境类	施工不当	地震、滑坡
	管理不当	无防护栏、无标记或防护不当 标志不正规、位置不当等缺陷 间距不够、支撑受力不当 电气泄漏故障 员工超时间工作
	游客过量	达到景区承载力极限时，破坏旅游资源
	犯罪活动	盗窃、欺诈、抢劫
	社会形势	当地居民态度、当前政局形式、宗教信仰、贫富差距

续表

风险源类别	风险源识别	分项
游览设施类	交通车船、缆车索道	温度、高低压、自有缺陷 高低温、腐蚀、检修 零部件、操作环境、检修人员、失误操作 紧急断电、漏电、雷击、高空运行
游客自身类	心理态度	刻意追求刺激冒险心理 过度紧张 情绪异常
	个人行为	随意乱扔烟头、无视景区警告标识
	健康条件	疾病
	装备状况	保暖、防晒、防风装备、地图、罗盘等导向设备
	其他特质	个人经历、适应能力、知识、性别、种族、社会地位等

表 6.2　近年来五台山风景区旅游安全事故统计表

时间	事件描述
2006.3	景区金刚库段因特大风融化电线，引燃杂草发生森林火灾
2012.2	"财神庙"和"佛国中心"非法敛财，假僧人以"开光"敛钱
2012.3	大同俱乐部一名队员违反禁行规定坠落深崖被困72小时被救出
2013.4	一辆乘载47名游客的大巴被暴风雪困在鸿门岩长达7个多小时
2013.6	五台县豆村镇东柳院村口一黑出租车超载造成3死5重伤
2013.7	湖北游客在菩萨顶建宁寺遭僧人棒锤群殴
2014.10	"天价"台蘑引发顾客投诉，遭网上多方热议
2014.10	监察大队"游击"骗人钱财的假"游僧"
2015.4	因秩序混乱、服务差而受到国家旅游局严重警告
2015.9	游客投诉景区存在"香霸"，强行定价买卖
2016.11	降雪导致太原某旅游公司一辆大巴翻入沟中，造成3死6伤
2018.7	五台山景区梵仙山路段山体崩塌，大甘河桥山体崩塌，无人员与车辆受损

三、旅游风险源等级划分

（一）风险评价指数矩阵方法（RAC）

针对风险估算，将构成风险的两种因素——造成危险的后果和危险发生的可能性，按照数值，形成风险评价矩阵，共划分为四级风险等级，具体如表6.3和表6.4所示。

表6.3　风险等级矩阵表

可能性	后果				
	A（灾难）	B（严重）	C（中等）	D（轻微）	E（不明显）
1（几乎肯定）	1	1	1	2	2
2（非常可能）	1	1	2	2	3
3（有可能）	1	1	2	3	4
4（不太可能）	1	2	3	4	4
5（罕见）	2	2	3	4	4

表6.4　风险等级赋值表

风险级别	极端	高	中	低
风险数值	1	2	3	4

注：风险的数值越小，则表示风险级别越高，越危险。

（二）五台山风景区风险源等级

通过对黛螺顶、台怀镇外围、南台景区进行实地调查，由三位专家评分最后得出五台山风景区风险等级，具体数据如表6.5所示。

由表6.5可知，极端风险有3个，高风险有12个，中风险有7个，低风险有2个。总体来说，在森林管理、清水河、寺庙建筑、缆车、餐馆等方面应加大整改力度，同时在交通、用电等方面的管理也不容忽视。

表6.5 五台山风景区风险等级

风险分类	风险源	风险因素	等级
环境场所	清水河	大雨	1
	路面损毁严重	无限速标志,扬尘严重超标	
游览设施	缆车	人员资质、安全管理、高空运行、高温、腐蚀、突然断电	
环境场所	森林	大风	2
	台怀镇外围景区	雷电	
	无护栏的道路	超速、视野差	
	道路弯度太大	超速、视野差	
	道路边坡岩石风化裂隙	雨季地震	
	桥梁与道路衔接处	无防护	
	免费停车场	当地人员私自占地收费	
		缺乏管理	
	寺庙建筑	防火间距不够	
	外围景区	缺少救援联系方式和定位标示	
		缺少户外道路警示标识	
社会环境	购物	强迫购物、缺少明码标价、质量不合格	
	当地居民	不友好、假和尚骗人	
游客自身	健康状况	自身疾病	
环境场所	高压线塔	紧邻餐馆、寺庙	3
	室外电线没有套管	风化	
	电线杆	与加油站的距离小于安全距离	
	电线高度低	雷雨、大风	
社会环境	旅店	黄赌毒、抢劫偷盗	
游客自身	健康状况	身体素质差	
	个人行为	无视警示标志、追求刺激活动、私自脱离团队、私自携带香品	

续表

风险分类	风险源	风险因素	等级
环境场所	台阶	多而陡峭	4
	餐馆	个别卫生不达标、个别缺少消毒器具	

四、旅游风险危险性分析

(一) 环境场所类

1. 自然灾害

五台山风景区森林面积广,春夏季节,草木生长旺盛,到了秋季则另有一番不同。然而,大风天气加上景区管理不善,极易引发森林火灾,有报道载,景区金刚库段因雷电天气熔化电线,引燃周围干枯的杂草发生森林火灾,造成很大损失。由图6.1可知,极端风险有1个,高风险有2个。五台山台怀地区海拔高离云层近,加上特殊的气候,雨水多的同时就会淹没清水河谷两侧建筑;在台怀镇外围景区,由于缺乏避雷设施,夏季雷电造成的雷击事故也不容忽视。

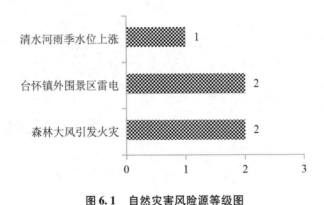

图6.1　自然灾害风险源等级图

2. 交通

由图6.2可知,极端风险有1个,高风险有5个。经实地走访发

现，在景区 205 省道部分路段没有护栏，311、310 省道部分路段道路
弯度大，车辆在此路段视野不开阔，如果超速行驶，极易引发交通事
故；在风景区西门——南台区，路面损毁严重，车辆在此没有明确的
限速标志，行驶过后扬尘严重超标，不仅严重影响景区环境及游客体
验，还危害游客身心健康；在 205、311 和 310 省道，道路边坡岩石风
化裂隙严重使得岩层近乎直立，在夏季雨水不断冲刷和地震作用下，
会引发滑坡、崩塌、落石事故；景区黛螺顶下桥梁与道路衔接处，没
有安全防护栏，稍不留意极易引发游客坠落；台怀镇内有免费停车场，
但当地人员私自占用空地引导游客停放车辆并加收停车费，而景区缺
乏明确的管理使得这一现象愈加猖狂，极易引发居民与游客的纠纷，
抹黑景区形象。

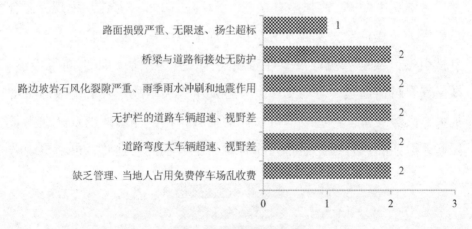

图 6.2　交通风险源等级图

3. 用电

由图 6.3 可知，中风险有 4 个。在景区 205 省道风景区入口处的高
压线塔紧邻餐馆和寺庙，与景区不协调，易产生高压电伤害事故；南
山寺、佑国寺室外电线裸露，没有套管，武警疗养院附近、南台顶上
由于电线高度太低，加上人为私拉电线，在风化、雷雨和风力作用下

会产生漏电危险；205 省道一加油站与附近的电线杆距离太近，线头掉落，相关管理部门也没有及时修理解决。

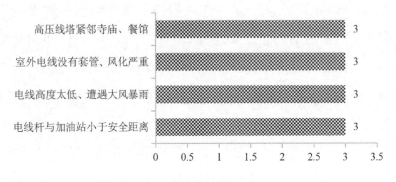

图 6.3　用电风险源等级图

4. 场所

由图 6.4 可知，高风险有 6 个、低风险有 1 个。经走访发现，五台山景区寺庙建筑木材所含水分极少，加上景区内香火的特定因素，一旦被引燃，极易燃烧；很多寺庙相连接，互为山墙，防火间距不够，缺乏安全疏散通道，可燃物多，一旦发生火灾事故，人员疏散的难度加大，火势旺盛，将造成不可估计的损失；在台怀镇外围景区缺少救援联系电话和户外道路定位警示标识，游客在此易迷路，也易出现游

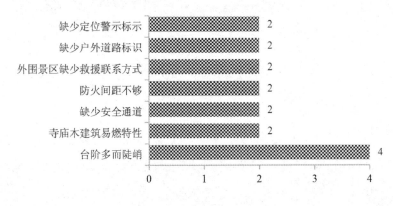

图 6.4　场所风险源等级图

客坠落悬崖或走失的情况；景区内寺庙建筑前有大量陡峭的台阶，特别是冬季雨雪过后，易发生滑倒滚落事故。

（二）社会环境类

由图6.5可知，高风险有4个、中风险有2个、低风险有2个。其中，在餐馆食品卫生这方面存在的安全隐患非常高；住宿旅店治安条件也远达不到标准要求；景区购物和当地居民态度需要加强引导。

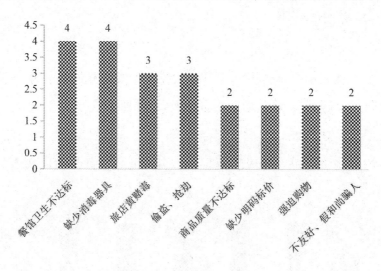

图6.5　社会环境风险源等级图

1. 餐馆

五台山景区内小餐馆众多，但经走访发现，某些餐馆食品安全意识不强，有的现场环境脏乱，有的未配备餐饮具消毒及保洁设施，对餐具只是简单地进行清洗后就供给游客使用，而有些餐馆的消毒柜不插电源，将餐具放在里面，起不到消毒杀菌的作用，还导致餐具出现异味、油渍、水渍。如果对此现象不进行及时的处罚治理，卫生条件会越来越差，会对游客健康和生命安全造成巨大的危害。近年来，随着通讯技术的飞快发展，负面新闻一经上传，将会快速传播蔓延开来，会对景区的名誉产生不利影响。

2. 旅店

五台山景区周围有大量的住宿家庭旅馆，这些旅馆基本上是当地居民利用自家的住宅改建而成的，因场地有限，小而拥挤。虽然相对大型正规的酒店来说，便宜实惠，但是卫生条件脏乱，用水、用电等都是在自家的基础上改建而成的，具有一定安全隐患。

（三）游览设施类

五台山景区以山地为依托开展旅游活动，地势陡峭，内设有缆车，供来往游客观光使用。由图6.6可知，缆车的高空运行特性本身就存在极端风险，又经过每天日晒雨淋的腐蚀，再加上缺少专业人员的修理维护，缆车表面掉漆，零件内部会逐渐老化，磨损严重。尤其是突然断电的情况，会对游客造成恐慌心理，引发混乱，甚至造成伤害。

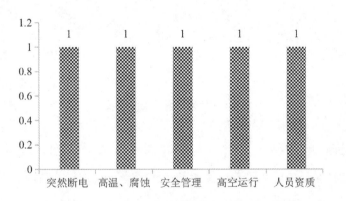

图6.6 缆车风险源等级图

（四）游客自身类

游客自身的健康状况，包括身体素质和自身疾病，在旅游活动中也起到重要作用。由图6.7可知，在游客自身方面，存在高风险有1个、低风险有5个，因此不能忽视它造成的严重危害。身体素质差和自身有心血管方面疾病的游客，不适合剧烈运动；游客自身的行为，包括无视景区危险警示标志、私自脱离团队去追求刺激活动，往往会引发意外事故；游客私自偷偷携带香品进入寺庙，使得景区香火管理陷入混乱，在旅游高峰期时，使用质量不达标的香，极易引发火灾，对自身及景区和他人安全造成极大的威胁。

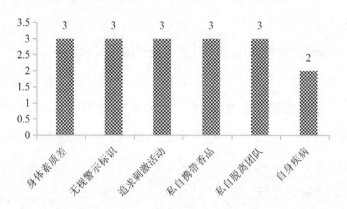

图 6.7　游客自身风险源等级图

五、旅游风险排除措施

（一）建立信息监测渠道，加强风险监测

建立业内风险监测渠道，对景区森林、清水河、台怀镇外围景区、缆车、道路等加强定点监测。建立旅游者呼救监测渠道，及时通过旅游者呼救系统、联合报警系统等渠道向监控中心寻求帮助。建立媒体信息渠道，利用网络、报纸、电视等媒体信息渠道，搜集景区相关风险信息，了解媒介反映的风险趋势，辅助旅游部门风险监测工作。景区通过整合业内风险监测渠道、媒体信息渠道、旅游者呼救监测渠道等多项监测信息渠道，提高旅游风险信息监测和分析的可靠性及稳定性。

（二）严控关键环节，规避极端风险和高风险

1. 制定一级风险对策

（1）水资源勘测局加强对清水河水位的监测，城管执法局大力整治清水河两岸违法违章建筑，报财政局下拨抢险救灾资金，为清理淤积河道、护岸加固配备必要的人力物力资源，加强安全人防、物防和技防管理。

（2）交通局对部分道路护栏安装工作要尽快解决落实，在弯度较大的景区 311、310 省道部分路段、傍山险路和道路与桥梁衔接处景区黛螺顶下桥梁加强防护栏的设置，为游客设置警告标示和指路标识，对破损路面的景区南台区进行整修，控制入口车辆数量，保证景区通讯畅通和其他安全设施的正常使用，建立道路电子信息监测，以保证车辆和游客的安全通行。

（3）景区工程维修部要把好设备安全质量关，积极开展检查维修保养工作，对已达到使用年限的缆车要及时上报景区管理部门进行坚决封停。定期对存在安全隐患的缆车进行修理，对部分管理不严、设备老化的索道进行重点整治。制造安装监督检测设备，确保缆车在运行过程中做到"实时追踪"，及时掌握运行状况，确保游客的生命健康安全，做到万无一失。

2. 制定二级风险对策

（1）景区成立森林管理指挥部协同气象局，联合当地林业局划定森林防火区，组织专业人员，开设防火隔离带。

（2）交通部联合地质局加大对地震灾害监测，把道路交通安全作为一项重难点，要严格按照标准规定，加强对 205、310、311 省道部分路段岩石裂隙安全检查防护的工作，落实安全任务，追究事故责任，消除一切不安全的因素。

（3）气象部门加强气象监测，景区增加避雷设施，降低减轻雷雨天气造成的雷击伤人事件的风险。

（4）景区设立停车场管理投诉中心，加强对景区内免费停车场的统一管理，加大对恶意向游客收费人员的处罚力度。

（5）游客自身要提高安全意识，根据自身的旅游经验、个性特点、知识能力约束自身的不安全行为；能准确判断自己的身体状况，合理决定是否参加高空旅游项目。

（三）重视薄弱环节，完善中低风险监测

1. 制定三级风险对策

（1）电力局定期对高压线塔、景区内裸露电线、电线杆等进行检修整改，发现的隐患问题，不得拖延时间要及时修理并加强监督，定期返回隐患点检查是否得到彻底解决。增加电线杆的高度，加大对私拉乱接、蓄意破坏电力设备的不法分子的查处力度，对景区裸露的室外电线安装套管，不断提高景区安全管理水平。

（2）景区安保部加大巡查范围，采用巡视、警告等方式改善部分游客的不良行为，引导游客按照正确方向游玩，使其严格自觉遵守景区规定，不因个人追求冒险刺激而到危险的地方去；成立游客安全协会，向游客宣传安全教育，提醒游客注意保护自己，遇到旅游纠纷要懂得通过正常渠道申诉调解，妥善处理。

2. 制定四级风险对策

（1）景区卫生管理部门在雨雪天气过后要及时对寺庙内台阶进行清理，为游客设置贴心标语，让游客在感受佛教文化的同时感受到景区的人文关怀。

（2）五台县食品药品监督局要定期对景区内餐馆食材从采购到加工和服务过程进行监管，提高餐馆经营者门槛，对卫生不达标者加大处罚力度，对餐饮服务人员进行安全教育与管理，提升其安全意识和服务技能，同时提醒和引导游客安全科学的旅游饮食习惯。

第二节　景区游客拥挤感知影响因素分析

旅游安全工作一直是旅游管理与服务的重点工作。近年来，针对旅游安全，国家出台多项法律法规，国家旅游局也做出多项规定。2009 年年底，国务院发布《关于加快发展旅游业的意见》，提出"完善旅游安全提示预警制度和应急处置机制"。2013 年 4 月新《中华人民共和国旅游法》颁布，其中规定"国家建立旅游目的地安全风险提示制度"。2014 年 8 月《国务院关于促进旅游业改革发展的若干意见（国发〔2014〕31 号）》发布，要求"建立景区门票预约制度对景区游客进行最大承载量控制"。2014 年 12 月 31 日，上海外滩发生踩踏事件，随后国家旅游局公布《景区最大承载量核定导则》，要求各大景区核定景区最大承载量，并制定客流量控制预案。

一、五台山景区游客拥挤感知

（一）问卷设计

调查问卷主要分为三部分：第一部分为游客的基本信息情况调查；第二部分是对景区游客的一些行为举止、现象说法的同意程度调查；第三部分是对景区内相关设施和景区管理的满意程度调查。在设计游客人格特质中，采用紧张型、谨慎型、友善型、开放型、外向型五大人格特质；在设计赞同和评价程度时，根据李克特 5 点量表法来测定（1 = 非常不同意/非常差，5 = 非常同意/非常好）；在设计游客旅游特性时，包括游客出游动机和在景区停留时间等。

选择在 2017 年五台山景区旅游旺季发放问卷，发放地点为台怀镇寺庙群（五爷庙、塔院寺、显通寺、菩萨顶、殊像寺、黛螺顶等），以及集中的旅游商品市场和旅游通道等区域，共发放问卷 215 份，收到有效问卷 200 份，有效率为 93%。

由表 6.6 可知，调查样本中男性游客所占比例为 54.5%，女性游客为 45.5%，男性游客较女性游客多一些；在年龄方面，25 岁以下的游客占 28.0%，26—35 岁的游客占 37.0%，36—45 岁所占比例为 27.5%，而 46 岁以上的游客所占比例为 7.5%，其他年龄阶段的游客所占比例差异不大；在年收入中，没有收入的游客和年收入两万以下的游客所占比例为 73%，占比最高；在人格特质方面，占百分比最多的是开放型，所占比例为 44.0%；在职业方面，学生所占据的百分比最多，比例为 45.0%；在教育程度方面，所占百分比最多的为本科毕业，百分比为 45.0%；在客源地方面，有 47% 来自乡村。

表 6.6　样本概况

项目	基本信息	频数	百分比	累计百分比	项目	基本信息	频数	百分比	累计百分比
性别年龄	男	109	54.5	54.5	职业	学生	90	45.0	45.0
	女	91	45.5	100.0		农民	48	24.0	69.0
	25 岁以下	56	28.0	28.0		工人	28	14.0	83.0
	26—35 岁	74	37.0	65.0		事业管理人员	18	9.0	92.0
	36—45 岁	55	27.5	92.5		公务员	10	5.0	97.0
	46 岁以上	15	7.5	100.0		其他	6	3.0	100.0
人格特质	紧张型	17	8.5	8.5	教育程度	初中及以下	31	15.5	15.5
	谨慎型	34	17.0	25.5		高中或中专	51	25.5	41.0
	开放型	88	44.0	69.5		大专	47	23.5	64.5
	友善型	29	14.5	84.0		本科	64	32.0	96.5
	外向型	32	16.5	100.0		硕士及以上	7	3.5	100.0

续表

项目	基本信息	频数	百分比	累计百分比	项目	基本信息	频数	百分比	累计百分比
年收入	无	101	50.5	50.0	来源地	市	56	28.0	28.0
	0—2万	45	22.5	73.0		镇	50	25.0	53.0
	2万—4万	38	19.0	92.0		乡村	94	47.0	100.0
	4万以上	16	8.0	100.0					

由表 6.7 可知，在游客出游动机中，"享受宁静"所占比例高于其他动机，其中以"探险"为旅游动机的游客所占比例最少，为 14.5%；在访问景区次数中，有 90 人是"第一次"到访五台山景区，其所占比例最高，为 45.0%，其次为"第二次"，游览五台山景区三次以上的游客所占比例最低，仅为 4.0%；在同行人员类型中，有超过一半游客是独自一人游览五台山景区，比例为 51.5%，有 10.0% 的游客选择和同学朋友一起游览五台山风景区，仅有 4.0% 的游客选择跟随旅游团来五台山风景区；在景区停留时间中，停留一天的游客为 32.0%，在景区停留两天、三天和三天以上的人数相对多一些。

表 6.7　出游特性

项目	基本信息	频数	百分比	累计百分比	项目	基本信息	频数	百分比	累计百分比
出游动机	体验自然风光	47	23.5	23.5	同行人员类型	独自一人	103	51.5	51.5
	享受宁静	56	28.0	51.5		同学朋友	21	10.5	62.0
	宗教旅游	33	16.5	68.0		同事	43	21.5	83.5
	探险	29	14.5	82.5		家人	25	12.5	96.0
	自然生态	35	17.5	100.0		跟随旅游团	8	4.0	100.0
访问次数	第一次	90	45.0	45.0	停留时间	一天	64	32.0	32.0
	第二次	60	30.0	75.0		两天	54	27.0	59.0
	第三次	42	21.0	96.0		三天	42	21.0	80.0
	三次以上	8	4.0	100.0		三天以上	40	20.0	100.0

（二）游客拥挤感知

由表6.8可知，对于"拥挤感知程度会干扰到游览兴致"这个说法，有30.5%的游客表示"不同意"或"非常不同意"，有34.5%的游客表示"不同意"或者"一般"，有65.5%的游客表示"同意"或者"非常同意"，即有相当一大部分游客认为拥挤程度会干扰到自身的游览兴致；对于"频繁等候会增加拥挤感知"这个说法，仅有27.5%的态度是"非常不同意""不同意"和"一般"，剩下73.5%的游客都认为在游览过程中，频繁等候会增加其自身的拥挤感知；对于"游览体验中感觉到五台山景区很拥挤"这个说法，有9.5%的游客表示"不同意"或"非常不同意"，有83.0%的游客认为五台山景区很拥挤。

表6.8　游客拥挤感知

	赞同程度	频数	百分比	累计百分比
拥挤程度会干扰到您的游览兴致	非常不同意	23	11.5	11.5
	不同意	38	19.0	30.5
	一般	8	4.0	34.5
	同意	92	46.0	80.5
	非常同意	39	19.5	100.0
频繁等候会增加拥挤感知	非常不同意	17	8.5	8.5
	不同意	23	11.5	20.0
	一般	15	7.5	27.5
	同意	70	35.0	62.5
	非常同意	75	37.5	100.0
在本次旅游体验中感觉到该景区比较拥挤	非常不同意	8	4.0	4.0
	不同意	11	5.5	9.5
	一般	15	7.5	17.0
	同意	112	56.0	73.0
	非常同意	54	27.0	100.0

二、拥挤感知影响因素

影响游客拥挤感知的影响因素主要集中在个人因素、其他游客行为和景区因素三方面。使用 SPSS19.0 软件对游客拥挤感知的影响因素进行验证，主要使用的验证方法有独立样本 T 检验、单因素方差分析法和相关性分析法。其中 T 检验适用于一个名词变量和一个序数变量之间的差异比较，且要求该名词变量只有两个名词值；单因素方差分析适用于一个名词变量和一个序数变量之间的差异比较，且要求该名词变量要有三个或三个以上名词值；相关性是通过计算两个相关变量的相关系数，对其相关程度进行分析。

（一）个人因素对拥挤感知的影响

在个人因素对拥挤感知影响的验证中，采用独立样本 T 检验对性别与拥挤感知之间的显著性进行验证，用单因素方差分析法对年龄、职业、收入以及人格特质与拥挤感知的显著性进行检验。

1. 性别对拥挤感知影响

方差齐性检验的概率（Sig = 0.424）大于显著性水平 0.05，表示两组样本具有方差齐性特征。应采用假设方差相等这一横栏的检测结果。图表显示双侧检验的概率值（Sig）为 0.235，该值大于 0.05，说明两组样本的均值之间不存在显著差异。

2. 年龄、职业、年收入、旅游动机等对拥挤感知影响的验证

用单因素方差分析法对年龄、职业等与拥挤感知之间的显著性进行检验。游客年龄、年收入、职业、人格特质、来五台山景区次数以及停留时间的伴随概率值（Sig）均显著大于 0.05，因此可以得出结论：游客年龄、年收入、职业、人格特质等与拥挤感知之间不存在显著性关系；而游客的教育程度、游客客源地及同行人员类型的伴随概

率值（Sig）均显著小于0.05，所以可以得出结论：游客教育程度、客源地及同行人员类型与拥挤感知之间存在显著性关系。

3. 游客旅游动机与拥挤感知之间的相关性

游客动机对拥挤感知的相关系数值 Sig > 0.05，表明游客游览动机与拥挤程度不存在显著性相关。

（二）其他游客行为对拥挤感知的影响

对于"其他游客不当行为（叫嚣、乱扔垃圾）会增加拥挤感知"的说法，有接近70.0%的游客认为，这些不当行为会影响自己对景区的拥挤感知度；对于"旅游途中遇到其他旅游团会增加游客自身拥挤感知"的说法，有73.0%游客认为在游览过程中遇到旅游团队会增加自身的拥挤感知度；对于"其他游客友善（谦让）行为会降低拥挤感知"，有60.5%的游客认为其他游客的友善行为会降低自身的拥挤感知度。从以上分析可以得出：在游览途中其他游客的行为举止会影响游客自身的拥挤感知。

（三）景区因素对拥挤感知的影响

用 Pearson 相关性分析法研究景区因素对拥挤感知的影响。

1. 线路指示标识对拥挤感知的影响

Sig < 0.05，说明五台山景区线路指示标识与游客拥挤程度存在显著性相关，且呈负相关。即，游客对景区线路指示标识评价越好时，其越感觉景区不拥挤。

2. 服务人员态度对拥挤感知的影响

Sig < 0.05，说明五台山景区服务人员态度与游客拥挤程度存在显著性相关，且呈负相关。即，游客对服务人员态度评价越好时，其越感觉景区不拥挤。

3. 休息使用设施对拥挤感知的影响

Sig < 0.05，说明景区休息使用设施与游客拥挤程度存在显著性相关，且呈负相关。即，游客对景区休息使用设施评价越好时，其越感觉景区不拥挤。

4. 整体环境卫生对拥挤感知的影响

Sig < 0.05，说明景区整体环境卫生与游客拥挤程度存在显著性相关，且呈负相关。即，游客对景区整体环境卫生评价越好时，其越感觉景区不拥挤。

5. 景区形象宣传对拥挤感知的影响

Sig < 0.05，说明景区形象宣传与游客拥挤程度存在显著性相关，且呈负相关。即，游客对景区旅游形象宣传评价越好时，其越感觉景区不拥挤。

三、管理启示

第一，明确景区线路指示标识。

景区管理开发人员在设定景区指示标识时应该一目了然，避免游客走重复路段，同时避免游客在进入景区之后，漫无目的、随波逐流地跟着其他游客走动；在设置线路时对于同一目的地应尽可能设置不同路线以分散客流，解决局部人满为患的现象。

第二，完善景区休息使用设施。

景区内休息设施是否充足直接影响着游客的拥挤感知，游客在游览过程中得到心灵和视觉满足的同时，身体大多都疲惫不堪。因此景区在设置休息使用设施时首先应保证数量上的充足，其次在设施分布方面应该使其距离合适。

第三，提高游客自身旅游素质。

在研究中发现，游客不当行为（叫嚣、大喊大叫）与游客拥挤感知有直接关系。因此在游览过程中游客在追求自身旅游品质的同时，应该严格要求自己或同行人员不随地乱扔垃圾、大喊大叫，在需要排队的时候文明有序地排队，提高自己和其他游客的旅游满意度。

第四，合理安排出游时间。

由于国家对节假日相关政策的出台，各大著名旅游景区在节假日时人山人海，因此游客在选择出游前需充分对景区游览现状、游客接待量进行了解，以避免在旅游过程中因拥挤等现象打扰游览兴致，而降低自己的出游满意度。

第三节　景区主要寺庙最大承载量测算

最大承载量就是在一定条件下，能够容纳最大旅游者的数量。确定景区最大承载量不仅有益于保护旅游资源和提升游客满意度，而且对景区安全管理具有重要意义。郭娟对旅游景区拥挤问题进行分析，探讨了景区内部的交通问题并提出了解决方案；谢杨琼认为社会心理承载力对旅游者产生强烈的旅游吸引力；刘佳雪基于压力—状态—响应模型构建旅游环境承载力评价框架；李渊等对鼓浪屿客流承载力测算；蒋锐、李荣等构建指标体系给出景区承载量的计算模型；何斌、刘佳、严亦雄、曾申申和贾志涛等构建模型并采用层次分析法测算了景区承载量；陈雪等基于《景区最大承载量核定导则（LB/T 034—2014）》，分析了旅游环境容量方面存在的问题。上述学者从多个角度探讨了景区客流承载力，但对佛教型、遗产型和山岳型复合景区探讨较少。测算五台山主要寺庙最大承载量不仅可以实现文化遗产的保护，也可为景区旅游安全预警提供参考。

一、旅游承载量的测算方法

根据国家旅游局 2014 年颁布的《景区最大承载量核定导（LB/T 034—2014）》（以下简称《导则》）规定，景区最大承载量应基于空间承载量和设施承载量的测算值，并结合景区的实际加入心理承载量来确定，使最大承载量标准符合实际，具有参考价值。

（一）空间承载量

空间承载量是指在一定时间条件下，旅游资源依存的游憩用地、游览空间等有效物理环境空间能够容纳的最大旅游者数量。根据五台山景区寺庙分布特征及《导则》要求，设计以下测算模型：

瞬时承载量是指在某一时间点，在保障景区内每个景点旅游者人身安全和旅游资源环境安全的前提下，景区能够容纳的最大旅游者数量。则瞬时承载量公式为：

$$C_1 = \sum X_i/Y_i \qquad\qquad (6.1)$$

其中，C_1 为瞬时承载量；X_i 为第 i 景点的有效可游览面积；Y_i 为第 i 景点的旅游者单位游览面积，即基本空间承载标准。

日承载量是指在景区的日开放时间内，在保障景区内每个景点旅游者人身安全和旅游资源环境安全的前提下，景区能够容纳的最大旅游者数量。日承载量公式为：

$$C_2 = \sum X_i/Y_i \times Int(T/t) = C_1 \times Z \qquad (6.2)$$

其中，C_2 为景区日承载量；T 为景区每天的有效开放时间；t 为每位旅游者在景区的平均游览时间；Z 为整个景区的日平均周转率，即 $Int(T/t)$ 为 T/t 的整数部分值。

（二）心理承载量

心理承载量是指在一定时间条件下，在进行旅游活动时旅游者感到舒适的前提下，景区能够容纳的最大旅游者数量。依据《风景名胜区规划规范（GB 50298—1999）》选取合理的游客空间的密度标准。

心理承载量可分为旅游地居民心理承载量和游客心理承载量。在实际生活中，由于五台山景区居民对游客是接纳的，所以这一部分在下文不做核算。则游客心理承载量的公式为：

$$MCC = \frac{S}{P} Int(T/t) \qquad (6.3)$$

其中，MCC 为旅游者心理承载量；S 为游览面积；P 为合理的游客空间密度标准；Int（T/t）为景区日平均周转率。

（三）设施承载量

设施承载量是指在一定时间条件下，"食住行游购娱"能够服务的最大旅游者数量，即"食住行游购娱"的最大供给能力。在五台山景区中影响游客数量的限制性因素为交通设施，因此重点测算交通设施的承载能力。设施承载量的公式为：

$$FCC_i = 景区第\ i\ 类设施所能承载的游客量水平 \qquad (6.4)$$

$$FCC = Min(FCC_1, FCC_2, \cdots, FCC_i) \qquad (6.5)$$

其中，FCC 为日设施承载力；i 为具体设施的种类，如车辆和停车场。

（四）最大承载量

通过权重赋值确定五台山景区主要寺庙最大承载量的数值；根据空间承载量、设施承载量和心理承载量的测算结果及其相关分量在主要寺庙承载量测算中的影响力进行赋值，进而得出五台山景区主要寺庙的最大承载量。

文中承载量的关系见图6.8。

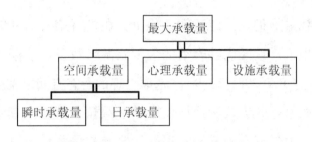

图6.8　承载量关系示意图

二、主要寺庙承载量测算

根据《五台山风景名胜区总体规划（2016—2035 年)》，五台山景区面积总计 607.43 平方公里。其中台怀核心景区面积 179.46 平方公里。根据景区寺庙网络关注度和实际管理需求，选择台怀核心景区万佛阁、菩萨顶、塔院寺、罗睺寺、殊像寺、黛螺顶和显通寺 7 处寺庙测算最大承载量。

多数寺庙的开放时间为上午 8 点到下午 6 点，即有效游览时间为 10 小时，上述游览活动平均花费的时间约为 4.5 小时，因此景区中日均周转率取 Int（10/4.5）＝2；人均基本空间承载以《导则》中的要求为标准：寺庙建筑以古建筑类景区 1—3m^2/人为依据，按 2m^2/人（取中间值）进行测算。参照夏丽丽对九华山风景区最大承载量的测算方法，寺庙游览面积按建筑面积的 1/3 计算。根据心理承载量的定义，在计算"个人旅游基本空间标准"参数时应选择满足游客舒适心理状态的最小值。按照《风景名胜区规划规范（GB 50298—1999)》游客容量以每位游客所占平均游览面积 50—100m^2/人计算，因此选取最小值 50m^2/人进行计算。

由公式（6.1）、（6.2）和（6.3），对主要寺庙的空间承载量、心理承载量和设施承载量分别进行测算。

（一）主要寺庙空间承载量

主要寺庙空间承载量汇总见表6.9。

黛螺顶有索道，索道为单线循环固定抱索器双人吊椅式。运营时间为7：30—18：00，开放时长为10小时30分钟。索道线路全长为668米，单向每小时能够承载450人，则索道的空间承载量为：单向运量×开放时长。即：

$$450 \text{人}/h \times 10.5h = 4725 \text{人}$$

所以经上述测算，五台山景区主要寺庙最大空间承载量为：

$$4725 \text{人（索道）} + 57633 \text{人（寺庙）} = 62358 \text{人}$$

核心寺庙（万佛阁、塔院寺、罗睺寺、显通寺）最大空间承载量和为：

$$4725 \text{人（索道）} + 37580 \text{人（寺庙）} = 42305 \text{人}$$

表6.9 五台山景区主要寺庙最大空间承载量测算结果

寺庙	占地面积（m²）	游览面积（m²）	游客空间承载标准（m²/人）	景区游客日周转率	瞬时承载量（人）	主要寺庙最大空间承载量（人）
万佛阁	2040	680			340	680
菩萨顶	9160	约3053			1526.5	3053
塔院寺	15000	5000			2500	5000
罗睺寺	约15700	约5233	2	2	2616.5	5233
殊像寺	27000	9000			4500	9000
黛螺顶	27000	9000			4500	9000
显通寺	约80000	约26667			13333.5	26667

共57633

在实际游览活动中，由于万佛阁、塔院寺、罗睺寺、显通寺4大寺庙空间集中分布，关联性和旅游吸引力较强等优势，测算的实际最大空间承载量为42305人。

（二）主要寺庙心里承载量

五台山索道的实际运行频率、距离及承载游客数量等都满足游客平均心理舒适度，因此索道的游客最大心理承载量数值与其最大空间承载量相等，均为4725人。

经测算，五台山景区游客的日最大心理承载量为：

4725人（索道）＋2345.2人（寺庙）＝7070.2人

核心寺庙（万佛阁、塔院寺、罗睺寺、显通寺）游客最大心理承载量和为：

4725人（索道）＋1503.2人（寺庙）＝6228.2人

游客心理承载量汇总见表6.10。

表6.10 五台山景区游客日最大心理承载量测算结果

寺庙	万佛阁	菩萨顶	塔院寺	罗睺寺	殊像寺	黛螺顶	显通寺
游览面积（m²）	680	3050	5000	5233	9000	9000	26667
游客心理基本空间标准（m²/人）	50						
景区游客日周转率	2						
主要寺庙游客最大心理承载量（人）	27.2	122	200	209.3	360	360	1066.7
	2345.2						

（三）寺庙群的设施承载量

五台山景区的管理委员会对2018年5月19日（中国旅游日）进入五台山景区车辆实行预约措施，控制的预约范围为：7座及其以下小型车辆2900辆，7座以上其他车型（大、中型）100辆。大、中型车辆中选取 47 座的客车为主要车辆, 小型车选取最大值 7 座的车辆为主要车辆。则设施承载量为: 车辆数×每辆车能容纳最多人数。即:

$$100 \text{ 辆} \times 47 \text{ 人/辆} + 2900 \text{ 辆} \times 7 \text{ 人/辆} = 25000 \text{ 人}$$

(四) 主要寺庙最大承载量

结合实地考察, 权衡最大承载力的影响指标, 以及参照文献①对权重赋值的方法, 分别赋予空间承载量、心理承载量以及设施承载量 0.7、0.15、0.15 的权重值。

经上述测算, 五台山主要寺庙最大承载量为 4.9 万人, 见表 6.11。

表 6.11 五台山景区主要寺庙承载量状况一览表

承载类型	量化目标	量化目标值 (人/日)	最大承载量的量化数值 (人/日)
空间承载量	索道	4725	62358
	游览空间	57633	
心理承载量	索道	4725	7070.2
	游览空间	2345.2	
设施承载量	车辆	25000	25000
最大承载量		49000	

上述方法测算显示五台山主要寺庙最大承载量为 4.9 万人, 实际承载能力可能大于 4.9 万人。主要原因为: 一是根据景区所属类型与特殊性, 结合景区敏感目标和数据的可得性, 测算过程中忽略了《导则》中的生态承载量和社会承载量, 五台山良好的生态环境可以增加旅游承载量, 景区周边公共设施能够同时满足旅游者和当地居民需要, 这部分社会承载力在计算中被忽略; 二是结论仅是基于游客关注度较高

---

① 黄宏. 石林景区旅游承载力及高峰期游客分流研究 [D]. 昆明: 昆明理工大学, 2017.

的 7 处寺庙景点的测算，核心景区内的其他寺庙景点未在测算之内，承载量计算可能偏小。总之上述结论对核心景区流量进行控制仍具有参考价值。

三、管理启示

选取了五台山景区游客量较多的 7 个寺庙测算最大承载量，结论为：

第一，万佛阁、菩萨顶、塔院寺、罗睺寺、殊像寺、黛螺顶、显通寺的空间日承载分别为 680 人、3053 人、5000 人、5233 人、9000 人、9000 人、26667 人；心理日承载量分别为 27.2 人、122 人、200 人、209.3 人、360 人、360 人、1066.7 人。

第二，寺庙群的设施承载量为 2.5 万人/日。

第三，通过影响力赋值权重确定了五台山景区主要寺庙最大承载量为 4.9 万人/日。

在测算旅游最大承载力基础上，对景区管理提出以下建议。

(一) 加快智慧景区的建设，推进网络预约

随着智慧景区的建设，不断完善网络预约和信息发布制度。如万佛阁的空间承载量为 680 人，法定节假日、每月初一和十五到寺庙烧香拜佛的游客远远大于 680 人。通过网络门票预约系统，可较准确地预测游客量，在高峰期时，还可以对前往寺庙的游客事先做好分流与调控等准备工作。电子门票的使用可以有效地减少管理人员的工作量。另外电子门票可以达到实时监控的目的，景区可以通过手机短信等方式向游客传播实时客流信息，引导游客进行分流。

(二) 加大台顶生态旅游和外围乡村旅游开发力度

台怀镇核心旅游区寺庙群汇集了景区大部分旅游流。小范围的高

度集中的旅游流造成五台山景区拥堵并且极大地限制了景区承载量的提升。因此需要丰富旅游产品和旅游业态，充分开发利用台顶生态和外围乡村旅游资源，可开发多元旅游主题和项目，如观光农业、纳凉避暑、休闲养生、户外运动等旅游新业态，缓解核心景区旅游流压力，扩大旅游辐射范围，扩展五台山旅游框架，提高景区的最大承载能力。

第四节　游客消费欺诈类型与过程研究

我国对于欺诈问题的研究要晚于国外。国外在 20 世纪 40 年代就开始关注，到了八九十年代已经形成了比较系统的相关研究。不同领域的学者对欺诈均有一定的研究，包括沟通领域、组织领域、心理学领域等。相比之下，国内对于欺诈领域的研究和深入的理论分析则相对较少。例如，李小燕等就信用证付款方式下的欺诈方式、产生的原因、造成的后果和有关的防范措施进行分析，并对遭受欺诈后的救济问题进行研究探讨[1]；王蔚臆在厘清医保欺诈概念的基础上，对医保欺诈的产生原因进行梳理，就此提出有针对性的监管措施[2]；吕洋洋等以旅游网络交易欺诈为研究对象，运用内容分析法总结出旅游网络交易欺诈的类型和过程，并对如何预防旅游网络交易欺诈提出建议[3]。这些都是对欺诈手段和原因进行分析总结，并且提出相应的建议。

---

[1] 李小燕，李红. 浅议信用证的欺诈与防范 [J]. 财经视野, 2015, (25)：50 - 51.
[2] 王蔚臆. 医保欺诈的成因及其监管探析 [J]. 管理观察, 2014, (8)：164 - 166.
[3] 吕洋洋，白凯. 旅游网络交易欺诈类型与过程研究 [J]. 旅游学刊, 2015, 30 (2)：90 - 100.

一、旅游消费欺诈

欺诈是指以使人发生错误认识为目的的故意行为。我国最高人民法院在《关于贯彻执行〈中华人民共和国民法通则〉若干问题的意见（试行）》第 68 条中明确规定："一方当事人故意告知对方虚假情况，或故意隐瞒真实情况，诱使对方当事人做出错误意思表示的，可以认定为欺诈行为。"

在旅游给人们带来放松愉悦的同时，一些欺诈游客的问题也随之而来。旅游市场秩序中常常存在欺行霸市、价格欺诈、非法经营、欺客宰客等突出问题。近几年关于旅游欺客宰客的报道越来越多，受到了有关部门的重视。如，三亚"海鲜宰客门"被爆出来引发了全国热议。有游客在三亚吃海鲜，三个普通的菜被宰近 4000 元；青岛"大虾事件"一只虾卖给游客 38 元，当时成为各大媒体热议的话题，被世界关注。这些欺客宰客事件对当地的旅游形象造成了严重的损害，甚至对全国旅游行业产生了影响。针对这些欺诈事件，有关学者深入了解进行分析，提出合理的建议避免此类欺诈事件再次发生。如，罗晋京通过分析"三亚宰客门"事件的深层因素，进而提出斩断利益链、完善法制环境、建立有效监管、合理配置旅游设施、全面打造国际旅游岛等设想。

宗教旅游快速发展的同时，一些欺诈游客的事件也时有发生。孙天胜指出了我国宗教旅游发展中存在的问题，某些宗教场所完全以经济利益为中心，比如在没有僧人的寺院里安排职工冒充僧人接待游客，大搞"捐功德"活动敛财；有些地方还出现了不经政府审批、不用宗教人士就私自建庙造佛的现象，或假冒开光物件等，以便高价销售，牟取暴利。王苗等针对佛教旅游开发的现状展开了分析，指出我国佛教旅游景区商业气息过重，宗教被庸俗化。高志洋在对宗教旅游胜地九华山的发展现状问题的分析中指出寺院的商业化经营给游客留下了不好的游览印象。五台山景区多次被全国媒体曝光批评，商业化问题日益严重。本节以五台山为例，就我国寺庙景区游客消费欺诈的类型和过程进行研究。

二、研究方法与步骤

（一）研究方法

内容分析法是一种对于传播内容进行客观、系统和定量的描述的研究方法。其实质是对传播内容所含信息量及其变化的分析，即由表征的有意义的词句推断出准确意义的过程，具有广泛的应用前景。

内容分析法产生于20世纪初，国内对内容分析法的研究要晚于国外，近年来我国旅游学的研究中越来越多地引入内容分析法，主要应用于旅游相关概念、旅游目的地形象、饭店服务质量、旅游动机、游客心理、游客满意度、区域旅游发展、旅游安全、旅游营销、旅游研究方法等领域。例如，熊伟等在合理确定经济型酒店服务质量评价体系的基础上，通过网络内容分析法把大量网友客观真实的评价加以量化分析，从而针对性地提出相关建议；张运来等利用内容分析法在分析访谈文本数据的基础上，对我国老年人旅游动机进行归类。

寺庙景区游客消费欺诈需要对大量的欺诈事件进行研究分析，所以可将内容分析法应用于本研究中。

（二）研究步骤

1. 样本选取与处理

随着旅游业的飞速发展，人们对于寺庙景区游客消费欺诈的投诉也日益增多。鉴于此，本研究从五台山景区游客消费欺诈投诉案件或者各种旅游网站的攻略中，具体分析欺诈的各种类型及过程。在搜索引擎中用"五台山欺诈""游客消费欺诈""五台山游记""五台山旅游攻略"等关键词进行查找。从全国排名前十的旅游网站中进行筛选，其中马蜂窝、携程网、去哪儿网和途牛关于五台山游客被欺诈的事例比较多，所以笔者选取这几个网站为案例分析来源。

在具体案例选择过程中，以游客在五台山旅游过程中受到的各种欺诈事件为标准，将纳入分析的事件限定于2012年1月到2015年12月，共收集到五台山游客消费欺诈事件50例，以事件的完整性、真实性、时间范围为标准，最终确定的分析事件为21例。2. 类目构建

类目构建是内容分析法的核心，一般有两种方法：一是依据理论、过去的研究成果构建类目；二是根据研究人员的个人经验习惯构建类目。笔者根据具体的欺诈案例和事件，在分析欺诈事件的内容和主要表现形式的基础上，将五台山寺庙景区游客消费欺诈分为强迫欺诈、教威欺诈和诱导欺诈三大类。同时根据这些欺诈行为的典型表现形式，细分出10个小类，依次对每个小类做出概念解释，见表6.12。

表6.12　欺诈类型

欺诈类型	典型表现	阐释
强迫欺诈	游客被"帮助"上香	在五台山上香过程中，会有人强行抢上游客手中的香"帮助"游客上香，也会教游客怎样上香才会灵验，完事后会向游客要辛苦钱
强迫欺诈	被强行安排请高僧念经	在庙里请香时，刚拿起香就被强行安排去一边请高僧念经，然后就索要经费
	强给游客手里塞东西	在五台山游玩，有人会硬往你手上塞东西，然后说佛和你有缘，让给点钱财
	强摸人头顶要钱	在登顶过程中，会有人强摸你的头，然后说一些好听的话，最后会让你随心给他钱财

欺诈类型	典型表现	阐释
教威欺诈	做"佛法"	在五台山游玩，准备向喇嘛问路，但是他带游客去转一个小的白塔，口里还不停念着听不懂的经，结束后会开口问游客要供给
	"算命"	被身穿僧袍的僧人叫住，本以为只是打个招呼，谁知他想告诉我人生命运，准备走的时候他让我打点钱财才能走
	"开光"	在寺庙门口，和尚会给每个游客一条红布条，在进寺过程中说一些因果报应之类的话，接下来会让你进入小房间开光，由专门的和尚给你洗脑算命，然后问你要钱
诱导欺诈	假僧人骗钱	在登山台阶上假僧人看见有人上来，就开始拿着小刷子扫雪，旁边一个盘子，里面放着纸币，人们走了，他又站那里不动了。利用游客信佛布施心理骗钱钱财
	黑导游配合假寺庙骗钱	去了五台山，会有黑导游带你去不正规的寺院祈福算命，让你捐功德钱，然后寺庙会给导游一定的提成
	部分当地人诱导游客骗钱	在进五台山景区北门的山路偏僻处，有一群彪悍的本地人设置冰雪路障，诱导游客自驾车陷入其中，然后要拖车费

3. 编码说明及检验

依据表 6.12 中的分类体系，依次对整理好的 21 例五台山寺庙景区游客消费欺诈事件进行编码。在编码过程中为了方便统计，分别用英文字母代替 3 个大类 10 个小类，如 J – K 是指教威欺诈—开光。同时为了确保分析的客观性和可信度，由两位评判者分别对文本进行独立编码，然后再对数据进行比较。由内容分析法的信度计算公式，通过计算两个编码员的相互同意度，从而得出两者的内容分析信度。对于不一致的编码，又进行重复分析，最终取得一致结果。

三、消费欺诈类型

通过对 21 例欺诈事件内容的具体分析，可以发现五台山寺庙景区游客消费欺诈事件涉及多个方面，主要类型包括强迫欺诈、教威欺诈和诱导欺诈三大类。

（一）强迫欺诈

强迫欺诈是指在人们不情愿不自愿的情况下对游客进行"服务"或者"帮助"，从而获得报酬的一种诈骗方式。五台山强迫欺诈的表现形式有很多，他们的共同特点是带有强迫性，都是在游客不知情的情况下对游客进行强制"服务"，从而达到敛财的目的。通过对五台山欺诈案例的具体分析，可以看出五台山强迫欺诈主要表现在以下四个方面。(1) 游客被"帮助"上香。游客"暇儿公子"在进五爷庙的时候，被一老太太拦住，非要让请两炷香再去拜五爷，当他们准备投香时，这个老太太又说他们就这样把香放进去不灵验，非让他们跟着她的流程做。他们一边道谢一边照做，刚投了香，老太太就凑过来说这一天也不容易，让给她点辛苦钱，于是莫名其妙地，他们跟十块钱说了再见。(2) 被强行安排请高僧念经。游客"huchichi"描述道：殊像寺是五台山最主要的一个寺庙，导游说来五台山一定要在这里给文殊菩萨烧香，很灵验，他们觉得既然来了佛教圣地就拜一下菩萨，来祈求家人平安健康，当拿起香准备拜时，工作人员强行安排到一边请高僧念经，然后让随意布施，说是随意，他们只给了 50 元念经费，那高僧的表情就显得十分不爽。(3) 强给游客手里塞东西。游客"袋袋狼"在五台山游玩，有人硬往他手上塞东西，本以为是什么宣传品，哪知道是一个非常小的佛像卡片，当他准备走的时候，那人说既然遇到就说明佛和他有缘，让交点功德钱再走，最后给了钱才脱身。(4) 强摸人头顶要钱。游客"幸运玫玛"在登顶的路上，被一伙僧人装扮的人拦住，上来拍着头就说了一阵好听的话，当时挺激动的，结果听着听着就感觉不对劲了，那"师父"说，听他讲了这么多话，怎么也得给点钱吧，不给还不行。

（二）教威欺诈

教威欺诈是指一些假僧人、假尼姑利用游客对佛教的信仰和对僧侣崇高的敬意来骗取游客的信任，从而进行一系列的欺诈活动。因为五台山是佛教圣地，大多佛教信徒到这里朝拜，所以对于做佛法、祈福、算命没有太多芥蒂。正因如此，一些假僧侣借祈福、算命、开光来敛财，从而欺诈游客。五台山教威欺诈主要表现在以下三个方面。

（1）做"佛法"。游客"W＊＊＊0"和家人在五台山参观的过程中，碰见一个身穿红色袈裟的喇嘛问怎么去普萨顶，可那喇嘛带他们到厢房去转一个小的白塔，口里还不停念着听不懂的经，刚准备走，结果最后那喇嘛开口叫他给供给了。（2）"算命"。游客"haruxu"走到显通寺前，被一位身穿僧袍的僧人叫住，本以为只是打个招呼，谁知僧人想告诉他人生命运，他没有多想就和僧人交流了一会儿，准备走的时候僧人让打点点儿钱财才能走，他顿时对五台山的印象一落千丈。（3）"开光"。游客"雨后D思念"提道：到了尊胜寺，和尚会给每个游客一条红布条，在带路进寺庙的过程中会说一些因果报应之类的话，为后面的算命做基础，接下来会让你进入小房间开光，由专门的和尚给你洗脑算命，然后问你要钱，少则几百，多则上万。在五台山央视财经"经济半小时"记者就看到"开光"骗钱的全过程。在五台山寺庙工作人员向记者推荐了一款祈福卡片，表示填好之后会有专门的"师父"诵经，因为在佛教圣地，记者也没有多想，正在填的时候，旁边的工作人员说要交功德费，之后又带着记者到了另一个房间由所谓的"师父"给记者摸顶"开光"。

(三)诱导欺诈

诱导也指劝诱、引导。诱导型主要表现为模仿、虚构、重新包装、双簧戏等行为。诱导欺诈是指游客被隐瞒了交易物品的真实信息,虚构事实,并且跟着欺诈者的步骤一步一步被引诱进行活动,从而被欺骗的一种欺诈类型。五台山有假寺庙、假僧人、黑导游的存在,为了敛财,他们会串通起来一步步诱导游客掉入他们的陷阱,来骗取游客的钱财。五台山诱导欺诈主要表现在以下三个方面。

(1)假僧人骗钱。游客"风中不落叶"在去佛母洞的最后一段路时,台阶路上放着不少铜盆,让香客放钱,乞讨的人更是不少,考验着游客的心理与钱包,最有意思的是看见好几个几步一叩上山僧人,手里拿着装钱的碗,在后面的路上碰见一个老和尚说,只有这一个空手的和尚是真的,其他都是当地村民假扮的。(2)黑导游配合假寺庙骗钱。游客"8007577036"提到去了尊胜寺,导游会以乘坐大巴的车号为队号让僧人带队进去讲解,到最后一个大殿的时候会让游客十块钱请一条福带,没有请福带的就不让去塔里了(这是在看游客的经济实力)僧人会带领福带的人去一个湾洞里面祈福算命,人们站的地方只能看到第一个祈福算命的僧人,后面还有三个是看不到的,第一个表现得很正规不会收费以迷惑人们,后面三个就会让你捐功德钱,300、600、900元,不捐功德钱就会讲一些很严重的后果胁迫你。让你在纸上写上祈福人的姓名和功德钱金额,然后僧人会在纸角写上你的车号,让你交给后面站在功德箱旁边的僧人,并把要捐的钱放进功德箱;游客"鼠丁"则提到去了尊胜寺,和尚导游讲了何为佛,说人心要向善,要帮助别人,如果想帮助他人首先要学会帮助自己和家人,要去祈福,然后免费送大家一条红丝绸,可以挂在树上帮朋友或家人祈福，但是最后也会说有功德箱自己随心。（3）部分当地人诱导游客骗钱。在五台山也存在着部分当地人利用诱导的方式对游客进行欺诈的行为，游客"大瓜"在同程网这样描述，在进五台山景区北门的山路偏僻处，有一群彪悍的本地人设置冰雪路障，诱导游客自驾车陷入其中，然后收取500元拖车费。

四、消费欺诈过程

研究选取每个欺诈类型中的典型案例，从游客被欺诈前、欺诈中和欺诈后这三个方面深入理解分析五台山寺庙景区游客消费欺诈的过程。

表6.13汇总了五台山游客被欺诈前、欺诈中和欺诈后的各种心理活动，这些心理活动贯穿于交易的整个过程，并表现为不同的心理特点。

表6.13　游客消费欺诈过程

典型类型	典型表现	游客被欺诈前	游客被欺诈中	游客被欺诈后
强迫欺诈	游客被"帮助"上香	被人缠住，有点疑惑	感觉老太太不容易，给点辛苦钱	多一事不如少一事
	被强行安排请高僧念经	感觉在五台山烧香很灵验	被索要经费，面值较高，想转身就走	不甘心这样被骗了
	强给游客手里塞东西	本以为是纪念品或宣传品	感觉云里雾里，被索要经费	感觉莫名其妙
	强摸人头顶要钱	碰见僧人挺激动的	听着听着就感觉不对劲了	不给钱不行，只能自认倒霉
教威欺诈	做"佛法"	想去菩萨顶，向路边僧人问路	慢慢感觉不对劲	感觉遇上了骗子，大为扫兴
	"算命"	被僧人拦住，以为是寒暄打招呼	感觉僧人假装"大师"算命敛财	对五台山的印象一落千丈
	"开光"	以为只是填祈福卡，没想到开光收钱	感觉一步步被引导去开光交钱	不想再来五台山玩了

典型类型	典型表现	游客被欺诈前	游客被欺诈中	游客被欺诈后
诱导欺诈	假僧人骗钱	由于对僧人的崇拜，并没有多想	由于行善心理，给僧人钱财	心里感觉一阵无奈
	黑导游配合假寺庙骗钱	以为只是祈福算命	感觉很正规，没想到被骗捐钱	感觉这样骗人太可恶了
	部分当地人诱导游客骗钱	不知道是专门设置冰雪路障	以为是当地人好心帮助	只能自认倒霉

强迫欺诈是在游客不情愿不自愿的情况下进行"被服务"或者"被帮助"，从而获取钱财的一种欺诈方式，下面从强迫欺诈的四个典型表现中具体分析游客被欺诈的过程。被"帮助"游客上香：游客被欺诈前会被人缠住，被欺诈中会教你怎样上香，按她的流程做了，会让给点辛苦钱，感觉老太太不容易，你会给点钱财，被欺诈后本想报警，但是感觉钱也不多，多一事不如少一事；被强行安排请高僧念经：游客被欺诈前感觉在五台山烧香很灵验，会请香拜佛，被欺诈中的表现为被索要经费，面值较高，想转身就走，但是不给不行，被欺诈后不甘心这样给骗了；强给游客手里塞东西：游客被欺诈前本以为是纪念品或宣传品，被欺诈中感觉云里雾里，被索要经费，被欺诈后觉得莫名其妙，给了20元才脱身；强摸人头顶要钱：游客被欺诈前会被人拦下，上来拍着头就说好听的话，当时挺激动的，被欺诈中听着听着就感觉不对劲了，被欺诈后只能自认倒霉。从上面的分析我们可以归纳出强迫欺诈的过程是游客被欺诈前都带有强迫性，被欺诈中都表现得很迷茫、后知后觉，被欺诈后会不甘心、无奈。

教威欺诈是利用人们对佛教的信任来骗取游客的钱财，下面从教威欺诈的三个典型表现来具体分析游客被欺诈的过程。做"佛法"：游客被欺诈前想去菩萨顶，向路边僧人问路，被欺诈中只是刚觉不对劲，那喇嘛就开口叫给供养了，被欺诈后感觉遇上了骗子，大为扫兴；"算命"：游客被欺诈前被僧人拦住，以为是寒暄打招呼，被欺诈中感觉僧人假装"大师"，算人生命运，敛财，被欺诈后就此对五台山的印象一落千丈；"开光"：游客被欺诈前以为填祈福卡是祈愿的，被欺诈中感觉一步步被引导去开光交钱，被欺诈后不想再来五台山玩了。从上面的分析可归纳出，教威欺诈的过程是游客被欺诈前因为信任僧人，从而对他们没有任何芥蒂，在被欺诈时一般都是因为僧人让游客捐公德钱，并不是随心捐，才发现自己已经被骗了，被欺诈后心里一阵无奈。

　　诱导欺诈是游客被隐瞒了交易物品的真实信息，虚构事实，并且一步一步被引诱从而被骗取了钱财，下面从诱导欺诈的三个典型表现来具体分析游客被欺诈的过程。假僧人骗钱：游客被欺诈前由于对僧人的崇敬，并没有多想，被欺诈中因为行善心理，给僧人钱财，被欺诈后知道是假僧人后，心里觉得一阵无奈；黑导游配合假寺庙骗钱：游客被欺诈前以为只是祈福算命，被欺诈中感觉很正规，没想到被骗捐钱，被欺诈后感觉这样骗人太可恶了；部分当地人诱导游客骗钱：游客被欺诈前不知道是专门设置冰雪路障，被欺诈中以为是当地人好心帮助，被欺诈后不得不拿出钱财，只能自认倒霉。从上面的分析可归纳出，教威欺诈的过程是游客在被欺诈前会被隐瞒交易物品的真实信息，虚构事实，被欺诈中会让游客随心捐功德钱，被欺诈后才知道前面那些信息全部是假象。

五、管理启示

利用内容分析法，根据在各个旅游网站上收集到的关于五台山游客消费欺诈的案例的具体分析，将寺庙景区游客消费欺诈归纳为强迫欺诈、教威欺诈和诱导欺诈三大类，根据这些欺诈行为的典型表现形式细分出 10 个小类。从游客被欺诈前、欺诈中和欺诈后三个方面深入分析，归纳出寺庙景区游客消费欺诈的过程。强迫欺诈的过程是游客被欺诈前带有强迫性，被欺诈中表现得很迷茫、后知后觉，被欺诈后会不甘心、无奈。教威欺诈的过程是游客被欺诈前信任僧人，被欺诈中僧人让游客捐公德钱，但并不是随心捐，游客被欺诈后心里一阵无奈。诱导欺诈的过程是游客在被欺诈前会隐瞒交易物品的真实信息，虚构事实，被欺诈中会让随心捐功德钱，被欺诈后才知道前面那些信息全部是假象，其对五台山的印象一落千丈。

针对五台山存在的一系列欺诈问题，提出以下建议。

（一）加强对五台山景区的秩序管理

景区应该制定相应的法律法规来制约欺诈行为的发生，可以不定时地派相关管理部门明察暗访，从而制约一些违法乱象。制定严格的责任追究办法，派遣专门的景区管理人员针对五台山黑导游、假僧人进行监管。当发现无证兜售、假僧人看相算命、寺庙被承包等行为要严格处治并且上报到景区管理处，如果失职，可以追究管理人员的责任。

（二）加强对五台山社区居民的管理

由于五台山景区毗邻居民区，很多当地居民在景区内从事商业活动，但是其中也存在着部分当地居民欺诈游客的行为。五台山景区应该加强对当地人的管理，开展宣传教育活动，提高居民素质。当发现当地居民有忽悠游客和欺诈游客的行为时，景区内工作人员应当及时劝阻，并且进行教导。政府部门也应当加强对当地居民参与旅游活动的正确引导。

本章小结

本章运用安全管理学理论，在实地调查的基础上对五台山风景区旅游风险源进行了识别，以环境场所、社会环境、游览设施和游客自身四大类为标准，按照专家调查法进行等级划分后发现景区存在 3 个极端风险、12 个高风险、7 个中风险、2 个低风险。继而进行危险性分析，提出了建立信息监测渠道，加强风险监测；严控关键环节以规避极端风险和高风险；重视薄弱环节以完善中低风险等措施，营造景区安全氛围，提高景区的安全管理水平。

采用问卷调查和实地调查的研究方法，以五台山风景区游客拥挤感知影响因素为研究对象，结果表明，影响游客拥挤感知的影响因素主要集中在三方面：个人因素，包括游客教育程度、游客客源地等；他人因素，包括其他游客不当行为和友善行为等；景区因素，包括景区线路指示标识、景区休息使用设施等。在此基础上提出明确景区线路指示标识、完善景区休息使用设施以及提高游客自身旅游素质等对策和建议。

依据国家旅游局发布的《景区最大承载量核定导则（LB/T 034—2014）》，选择空间承载量、心理承载量和设施承载量加权平均测算了五台山景区 7 处寺庙最大承载量，结果为：（1）万佛阁、菩萨顶、塔院寺、罗睺寺、殊像寺、黛螺顶、显通寺的空间日承载量分别为 680人、3053 人、5000 人、5233 人、9000 人、9000 人、26667 人；游客心理日承载量分别为 27.2 人、122 人、200 人、209.3 人、360 人、360人、1066.7 人；（2）寺庙群的设施承载量为 2.5 万人/日；（3）通过影响力赋值权重确定了主要寺庙最大承载量为 4.9 万人/日，为景区客流管理提供参考。

五台山寺庙景区游客消费欺诈行为主要类型为强迫欺诈、教威欺诈和诱导欺诈，并对消费欺诈过程从欺诈前、欺诈中和欺诈后三个方面实行了探讨，为寺庙型景区旅游乱象治理提供参考。

参考文献

[1] 刘智兴，马耀峰. 山岳型旅游目的地形象感知研究——以五台山风景名胜区为例 [J]. 山地学报，2013，31（3）：370－376.

[2] 程平平，杨效忠，彭敏. 国内外旅游拥挤研究及其启示 [J]. 旅游学刊，2015，30（3）：106－115.

[3] 程平平，杨效忠. 从游客角度探讨主题公园拥挤感知影响因素——以方特欢乐世界为例 [J]. 乐山师范学院学报，2014，29（3）：68－72.

[4] 户文月. 旅游景区游客拥挤感知影响因素研究——以西溪国家湿地公园为例 [D]. 杭州：浙江工商大学. 2015.

[5] 吴明隆. SPSS 统计应用实务——问卷分析与应用统计 [M]. 北京：科学出版社，2003.

[6] 郭娟. 旅游景区拥挤问题理论分析与解决方案研究－以五台山风景区为例 [J]. 山西农业大学学报（社会科学版），2010，9（04）：476－479.

[7] 杨兴柱, 陆林. 城市旅游地居民感知差异及其影响因素系统分析——以中山市为例 [J]. 城市问题, 2005, (2): 44-50.

[8] 汪萍. 城市旅游危机管理研究——以乌鲁木齐为例 [D]. 乌鲁木齐: 新疆师范大学, 2009.

[9] 李九全, 李开宇, 张艳芳. 旅游业危机事件和旅游业危机管理 [J]. 人文地理, 2003, 18 (6): 35-39.

[10] 刘艳春. 旅游业危机管理研究 [D]. 呼和浩特: 内蒙古大学, 2011.

[11] 韩笑飞. 旅游业危机管理研究 [D]. 武汉: 华中师范大学, 2006.

[12] 尹贻梅, 陆玉麒, 邓祖涛. 旅游危机管理——构建目的地层面的动态框架 [J]. 旅游科学, 2005, 19 (4): 71-77.

[13] 张广海, 王佳. 海南省旅游开发生态风险评价与预警机制 [J]. 热带地理, 2013, (1): 88-95.

[14] 张铁生, 孙根年, 马丽君. 危机事件对张家界旅游影响评价——基于本底线模型的高分辨率分析 [J]. 经济地理, 2012, 32 (10): 145-151.

[15] 陈金华. 中国山岳景型区安全管理实证研究 [J]. 华侨大学学报 (哲学社会科学版), 2015, 35 (2): 65-69.

[16] 刘庆余. 从"旅游管理"到"旅游治理"——旅游管理体制改革的新视野 [J]. 旅游学刊, 2014, 29 (9): 6-8.

[17] 庞闻, 马耀峰, 郑鹏. 从五种旅游信息传播模式的比较与整合 [J]. 旅游学刊, 2012, 27 (5): 16-20.

[18] 罗芬. 国外旅游治理研究进展综述 [J]. 热带地理, 2013, 33 (1): 96-101.

[19] 黎史翔. 国外如何根治旅游乱象 [N]. 人民文摘. 2013 - 11 - 29 (3).

[20] 毕树文. 互联网 + , 为山西旅游注入活力 [N]. 发展导报. 2015 - 10 - 20 (2).

[21] 朱木秀, 冯定. 风险评价指数矩阵方法的研究和应用 [J]. 安全、健康和环境, 2004, 4 (2): 32 - 34.

[22] 刘国强, 杜龙. 五台山古建筑的消防安全对策探讨 [J]. 长治学院学报, 2010, 27 (5): 56 - 57.

[23] 祝善忠. 旅游安全知识总论 [M]. 北京: 中国旅游出版社, 2012.

[24] 陆燕春. 旅游安全风险管理与对策研究 [J]. 广西民族大学学报, 2008, 30 (7): 135 - 137.

[25] 谢朝武. 旅游应急管理 [M]. 北京: 中国旅游出版社, 2013.

[26] 孔邦杰. 旅游安全管理 [M]. 上海: 上海人民出版社, 2015.

[27] 李小燕, 李红. 浅议信用证的欺诈与防范 [J]. 财经视野, 2015, (25): 50 - 51.

[28] 王蔚臆. 医保欺诈的成因及其监管探析 [J]. 管理观察, 2014, (8): 164 - 166.

[29] 吕洋洋, 白凯. 旅游网络交易欺诈类型与过程研究 [J]. 旅游学刊, 2015, 30 (2): 90 - 100.

[30] 罗晋京, 谢佳峻. 窥 "三亚宰客门" 话旅游业发展 [J]. 商业现代化, 2013 (18): 186 - 187.

[31] 赵鹏宇, 罗湘萍, 刘丽芳. 五台山风景区主要寺庙最大承载

量测 [J]. 忻州师范学院学报，2019，31（2）：49 –53.

[32] 刘丽芳，田婉婷，赵鹏宇. 五台山风景区游客拥挤感和影响因素分析 [J]. 忻州师范学院学报，2019，34（6）：46 –49.

[33] 曾申申. 基于最大承载量的旅游目的地预警机制研究 [D]. 杭州：浙江工商大学，2015.

[34] 黄宏. 石林景区旅游承载力及高峰期游客分流研究 [D]. 昆明：昆明理工大学，2017.

第七章

五台山风景区考核体系改革研究

考虑政府行政绩效考核的属性，基于对五台山管委会施政目标特殊性分析，本章对现行考核体系中存在的突出问题进行了梳理，并在借鉴国内知名景区考核经验的基础上，研究提出五台山风景区考核体系改革方案，以期通过优化考核体系，引导五台山风景区实现高质量发展，促进区域经济转型升级。

第一节　五台山管委会施政目标的特殊性分析

随着五台山各项事业的发展，为解决原管理体制"层级较低、赋权不够、职能交叉、多头管理"等不适应五台山保护、利用和开发要求的问题，山西省政府于 2016 年 1 月批准成立了五台山管委会。与一般地方政府相比，五台山管委会成立的初衷是为了实现对五台山风景区的"严格保护、科学利用和有效管理"，具体看，其施政目标重点包括三个方面。

一、保持文化景观遗产的完整性和真实性

五台山是享誉世界的佛教圣地，历经两千年发展演化，逐渐形成了显密诸宗并弘、汉藏佛教共存的独特风采。自明清以来，五台山区域的地质、生态、核心区景观构成、功能布局、建筑风格、文化遗存及寺庙群的位置和环境等都未发生明显的变化。即便是部分建筑的修缮，也是在严格论证下，遵循修旧如旧的原则，以传统技术进行维修，最大限度地保持了建筑群的原始风貌。正是由于人文和地质遗产的完整性和真实性，在 2009 年世界遗产大会上，五台山被联合国教科文组织列入世界文化景观遗产。因此，作为五台山风景区的管理机构，五台山管委会施政的首要目标是确保世界文化遗产的真实性和完整性，即在开发利用过程中，坚决贯彻"保护为主、抢救第一、合理利用、加强管理"的方针。这既是遗产保护的需求，同时也是我国《世界遗产管理办法》（2006）所规定的法定义务。

二、维持京津冀生态屏障的功能性

五台山号称华北屋脊，五个台顶海拔均在 2500 米以上，能够有效减缓西伯利亚冷空气的东进。五台山地区植被茂盛，区内拥有近 40 万亩林地和近 380 万亩草地，森林覆盖率达 70% 以上，草地面积占山西省天然草地的 7%。森林、草地等生态系统不仅对于五台山地区有重要的气候调节功能，同时对整个京津冀地区水源涵养具有极为重要的意义。流经京津冀平原的 9 条主要河流中，有 6 条（从北到南分别为：拒马河、唐河、大沙河、滹沱河、漳河、洺河）就发源于五台山所在的太行山脉。维持五台山地区高标准的生态系统功能对京津冀地区水源涵养和生态建设具有重要意义。对五台山管委会而言，在其施政目标

中，就必须处理好旅游开发和生态保护的关系，真正践行习近平总书记提出的"绿水青山就是金山银山"理念，不断加强生态保护，维持好五台山作为京津冀地区生态屏障的功能。

三、全面提升五台山风景区旅游品质

世界文化景观遗产、清凉胜境和佛教圣地是五台山风景区的三大旅游品牌。然而，由于旅游产品内涵挖掘不充分，这里长期存在旅游产品单一、旅游业态不丰富等问题，旅游产品存在明显的供给不充分，难以对消费者形成持续的吸引力。"实践证明，没有文化的旅游产品是苍白无力和枯燥乏味的，没有文化内涵的旅游产品是缺乏市场竞争力和吸引力的"，进一步挖掘五台山的文化价值，促进文旅融合是全面提升五台山风景区旅游品质的必由之路。对五台山管委会而言，就是要按照供给侧结构性改革要求，认真贯彻绿色发展理念，对照申遗承诺，通过高标准遗产保护，完整和真实地展现遗产的文化魅力。通过更大力度的生态建设，凸显五台山"清凉胜境"的品牌形象。通过深度挖掘五台山文化内涵，丰富旅游业态，增强旅游吸引力，解决高品质旅游产品供给不充分问题，推动五台山旅游实现高质量发展。

综上，保持遗产的真实性和完整性、维持五台山生态系统的功能性及提升五台山旅游品质是五台山管委会施政的核心目标，三者互为依托，相互促进。这既是五台山管委会作为管理机构的职责使命，同时也是国家有关法律的基本要求。

第二节　五台山风景区现行考核中存在的问题

基于五台山风景区管委会施政目标的特殊性分析，着眼五台山旅游高质量发展需求，对比现行五台山风景区考核指标体系，会发现，考核工作主要存在以下三个方面问题。

一、顶层设计没有体现禁止开发区的要求

根据《全国主体功能区规划》（国发〔2010〕46 号），国家级自然保护区、世界文化自然遗产、国家级风景名胜区、国家森林公园和国家地质公园都属于禁止开发区，五台山属于世界文化自然遗产、国家级风景名胜区、国家森林公园和国家地质公园，显然属于禁止开发区范畴。在《山西省主体功能区规划》（晋政发〔2014〕9 号）中也明确将五台山划为禁止开发区域。而山西省出台的地区考核指标体系，虽然已考虑主体功能区划，但划分类别中仅包括重点开发县域、限制开发的农产品主产县域、限制开发的重点生态功能县域和 23 个市辖区四大类，并未将禁止开发区纳入其中。顶层设计缺失使得作为禁止开发区的五台山风景区考核没有政策依据，考核体系设计陷入尴尬境地。

二、考核内容与有关法规条例存在冲突

五台山是世界文化景观遗产，保持其文化景观的真实性和完整性是《保护世界文化和自然遗产公约》所规定的基本义务，也是五台山能够成功申遗的重要基础。而真实性和完整性的核心含义就是不搞与景区保护无关的开发性建设活动。同时，五台山还是国家级风景名胜

区、国家森林公园和国家地质公园，根据《风景名胜区条例》（中华人民共和国国务院令第 474 号）、《国家级森林公园管理办法》（国家林业局令第 42 号）、《关于加强国家地质公园管理的通知》等法规要求，均需严格控制区域内人工景观建设，均不得从事与资源保护无关的任何生产性建设活动，均不得对景物、水体、植被和动物资源等造成损害。但对照考核指标，无论是《山西省区域经济转型升级考核评价暂行办法》（晋政发〔2018〕27 号），还是最近修订颁布的《山西省区域经济转型升级考核评价暂行办法》（晋政发〔2018〕42 号），给五台山风景区设定的考核指标都潜藏着与相关法规冲突的风险。如"固定资产投资增长速度"指标，该指标的持续考核，极有可能引发大拆大建行为，进而对风景区内生态和文化风貌造成破坏。再如"招商引资签约项目当年开工率"指标，因为五台山风景区主要是第三产业，第一产业占比不大，而第二产业属于禁止发展的产业，持续考核该指标时，也极容易诱发五台山风景区的盲目开发和短期行为。

任何可能诱发破坏生态、破坏遗产完整性和真实性的行为都将导致不可挽回的生态、文化和法律后果。

三、考核指标缺乏对五台山发展的引领性

政府绩效考核具有"指挥棒""风向标"作用，是实现政府工作目标，推动工作开展的重要手段。五台山作为世界文化自然遗产、国家级风景名胜区、国家森林公园和国家地质公园，对其考核理应在遗产保护、生态建设及旅游质量提升等方面发挥引领性。但通过对考核指标分析发现，现行指标不仅不具有引领性，个别还存在与五台山实际不符、与国家有关精神不吻合等问题。

如"培育'小升规'企业数量（个）"指标，五台山风景区注册

的工业企业有 21 家，经摸底核查，正常运营的只有 8 家。从营业范围和营业收入看，最可能达标的是国新能源天然气有限公司和山西五台山宝鼎供热有限公司两家，但考虑其企业的公益属性和市场拓展空间等因素，满足"小升规"要求存在一定的困难。该指标以往的考核结果也证明，五台山风景区该项指标考核排名始终排在后位，说明该指标与五台山风景区发展实际并不相符。还有如"地区生产总值增长速度"指标，早在 2013 年，中央就下发了《关于改进地方党政领导班子和领导干部政绩考核工作的通知》（2013），当中明确提出"对限制开发区域和生态脆弱的国家扶贫开发工作重点县取消地区生产总值考核"。从各地实践看，大多数省份都取消了对限制开发区和生态脆弱区地区生产总值的考核。五台山风景区生态脆弱，区域内的高山及亚高山草甸生长季短、草甸种类与中低山地区相比相似性较低，且多生长在坡度较大的区域，植被群落一旦被破坏就很难恢复，造成严重的生态灾难。作为京津冀地区重要的生态屏障，五台山对京津地区水源涵养和生态建设有重要意义，"地区生产总值增长速度"指标显然与国家有关精神和区域发展实际不符，对引领区域科学发展无益。

第三节　国内知名景区考核经验借鉴

五台山是国内典型的山岳和遗产复合型景区，分析借鉴国内知名的优秀景区考核实践对改进五台山风景区的考核工作具有重要的借鉴价值。经考察，选择以黄山为代表的山岳型和以西湖为代表的遗产型景区考核方案为对象，通过分析其考核指标构成，为五台山风景区考核体系改革提供参考。

黄山风景区管委会隶属于安徽省黄山市政府，根据黄山市政府信息公开目录《黄山市人民政府目标管理绩效考核办法》（黄政〔2016〕34号）和安徽省政府目标考核体系，黄山市分别对区县政府、市直目标管理单位、单列单位共三类对象进行考核，黄山风景区管委会属于单列单位之一，实行独立的考核体系，该指标体系共包含6大类30个指标。

杭州西湖风景名胜区管委会是代表市政府在其管辖区域内实施统一领导、统一管理，全面负责西湖风景名胜区的保护、利用、规划和建设的市政府派出机构。根据2015年10月颁布的《杭州市绩效管理条例》、杭州西湖风景名胜区绩效管理规划（2016—2020）与杭州考评网公示信息，杭州市政府对区县（市）与景区管委会实行分类考核。西湖风景区绩效考核体系包括2大类12个指标。

通过对两个景区考核体系的对比分析，主要有以下几个经验可以借鉴。

一、根据景区发展实际，独立设置考核体系

以黄山风景区为例，其考核大类总体上与省市区一致，但在具体考核指标方面做了大量精简与优化。2018年黄山市对区县政府考核包括目标任务（含经济发展、民生福祉、防范风险、脱贫攻坚、生态环境、平安建设）和工作评价7个类别111项考核指标，而对黄山风景区管委会考核则只有目标任务（含经济发展、民生福祉、防范风险、脱贫攻坚、平安建设）和工作评价6个类别30项考核指标（见表7.1）。西湖风景区的绩效考核体系也与杭州市其他区域不同，考核体系中只包括绩效指标和工作目标2个类别12个指标（见表7.2）。

表 7.1　黄山风景区管委会 2018 年度工作目标及评分标准

类别	序号	目标任务	权重	数据提供和监管单位
经济发展	1	全年接待游客人数 346 万人	5	市旅委
	2	接待境外游客 17 万人	5	
	3	固定资产投资年度目标完成情况	3	市发改委
	4	基础设施重点工程建设情况	7	
	5	服务业发展	3	市发改委、市统计局
		合计 5 项指标	23	
民生福祉	6	推进景区供水、污水处理、建筑市场管理	4	市住建委
	7	确保实现连续 39 年无森林火灾，松材线虫防控和古树名木保护	5	市林业局
	8	森林保护和林业发展	5	
	9	景区生态环境保护	5	市环保局
	10	住房公积金建制扩面	2	公积金中心
		合计 5 项指标	21	
防范风险	11	金融安全	2	市金融办
		合计 1 项指标	2	
脱贫攻坚	12	完成相关的脱贫攻坚任务	2	市扶贫办
		合计 1 项指标	2	
平安建设	13	景区医疗急救系统建设	4	市卫计委
	14	食品药品安全	4	市食药监局
	15	安全生产（含消防）	4	市安监局、市公安局
	16	平安建设（含公安、综治）	4	市综治办、市公安局
	17	完善旅游综合执法机制，加大旅游市场专项整治	4	市旅委
	18	确保无重大旅游投诉事件	4	
		合计 6 项指标	24	

续表

类别	序号	目标任务	权重	数据提供和监管单位
工作评价	19	深化改革	3	市委改革办
	20	构建黄山旅游大营销体系，全面提升黄山旅游IP影响力和竞争力	3	市旅委
	21	高标准抓好大黄山国家公园创建	4	市委改革办 市发改委
	22	工作落实情况	3	市政府办
	23	政风建设	3	市监察局
	24	法治政府建设	3	市委政法委、法制办、司法局、编办
	25	审计工作	1	审计局
	26	游客满意度	2	市旅委
	27	政务公开（包括政府信息公开、互联网＋政务服务、电子政务）	3	市政府办、信息办、政务中心、编办
	28	应急管理	1	市政府办
	29	统计工作	1	市统计局
	30	档案工作	1	市档案局
合计12项指标			28	
合计30项指标			100	

注：本表根据《黄山市人民政府目标管理绩效考核办法》（黄政〔2016〕34号）整理。

表7.2　西湖风景区2018年度绩效考核指标

类型	分项指标	目标（指标）名称	考核内容及指标	指标属性	完成时限（月）
绩效指标	职能指标	西湖水体年度透明度	西湖水体年均透明度≥80厘米	预期性	12
		有效投资	完成重点项目投资额3.1亿元，力争完成投资额3.441亿元，较目标值增长11%	预期性	12
		地方一般公共预算收入	实现地方一般公共预算收入增长7.3%	预期性	12

续表

类型	分项指标	目标（指标）名称	考核内容及指标	指标属性	完成时限（月）
工作目标	重点工作目标	城区绿化	新增市区绿地 300 万平方米，全年净增城市绿地 280 万平方米	预期性	12
		西湖世界文化遗产保护	西湖遗产本体完整性监测和真实性监测完好率100%。提升西湖世界文化遗产游客量监测系统平台应用能力，完成 11 个遗产点游人管控研究报告及预警方案，指导遗产点管理单位有效开展游人容量调控工作，为相关遗产点游人科学管控提供理论指导	预期性	12
		大运河文化带（杭州段）建设	推进大运河文化带（杭州段）建设，编制完成《杭州大运河文化带五年行动计划》，做好大运河杭州段遗产河道、水工设施、考古遗址、历史文化街区、古建群等五类监测报表的月报、双月报及年报的数据采集工作	预期性	12
		西湖综合保护工程	实施西湖引水玉皇预处理系统提升完善工程，土建完工。继续实施西湖综合保护提升完善工程等	预期性	12
		南宋皇城遗址综保工程	南宋皇城遗址公园开展《全国重点文物保护单位南宋临安城遗址——南宋皇城遗址综合保护展示整体方案》编制及报批，南宋皇城遗址界桩及说明牌设立，圣果寺遗址区域文物保护、环境提升等。白塔公园 D 区块环境综合整治工程建设完成，C 区块土建完工。杭州铁路博物馆（知青纪念馆）竣工	预期性	12
		农村历史建筑保护工程	农村历史建筑重点修缮不少于 20 处	预期性	12
		三改一拆	景中村改造 2.98 万平方米，拆除违法建筑 0.5 万平方米，建立、完善违法建设管控长效管理机制，实现三级巡查网格化管理，管控工作做到定人定岗定责	预期性	12

续表

类型	分项指标	目标（指标）名称	考核内容及指标	指标属性	完成时限（月）
工作目标	重点工作目标	景中村整治	阔石板区块、黄泥岭区块、双峰新村和里鸡笼山区块的综合整治完工，完成整治住户 89 户，打造成配套完善、生活便利、环境优美、管理有序的景中村，提升居民的获得感	预期性	12
		景区管理	全年开展巡查不少于 90 次，问题整改率不低于 95%，亮灯完好率不低于 98%	预期性	12
		部门职能兜底考核目标	高质量、高效率完成属于部门"三定"职能范畴或市委市政府交办的其他重要工作，不发生推诿、扯皮等现象	预期性	12
		县级博物馆建设	县级博物馆全年开放天数不少于 300 天，藏品无安全事故	预期性	12
		安全生产	全面推进安全生产改革发展工作，健全完善安全生产责任体系，积极创建全国安全发展示范城市。确保全年各类事故指标不突破市政府下达的控制数	约束性	12

注：本表根据杭州园林文物局政府信息公开专栏内容整理。（http://westlake. hangzhou. gov. cn/Html/GOV/201806/28/40132. html）

在具体指标设计方面，两个景区的考核指标都具有很强的针对性。如黄山风景区作为山岳型景区，根据地区实际，考核内容重点突出生态安全考核，指标设计包括景区供水、污水处理、建筑市场管理消防安全、森林病害防控和古树名木保护、森林保护和林业发展等。西湖风景区作为遗产型景区，其考核重点也主要是水体透明度、有效投资、地方一般公共预算收入、城区绿化、遗产保护、景区管理、遗址保护等与西湖遗产真实性、完整性保护密切关联的指标。

此外，两个景区作为旅游业发展的重要载体，在其考核体系中都有关于旅游发展的相关考核内容。如西湖景区的考核指标中还包括游客量监测系统平台应用能力等。

二、结合年度工作重点，动态调整考核内容

政府行政考核是反映考核对象工作实绩，推动工作开展的重要工具。从黄山景区和西湖景区的考核指标可以看出，考核指标是动态优化的，他们都将阶段性工作重点纳入考核体系之中。

2016 年对黄山风景区管委会考核包括工作目标任务（含经济发展、创新驱动、民生福祉、资源环境、社会建设、深化改革、项目工作）和工作评价共 8 个类别 35 项考核指标，权重为 100。而到 2018 年，根据当年工作重点，将资源环境大类合并到民生福祉中，将深化改革、项目工作等合并为工作评价大类，形成 6 个类别 30 项考核指标的考核体系。

由于 2016 年杭州召开了 G20 峰会，因此，在西湖风景区 2016 年的考核指标中就纳入了 G20 峰会服务保障项目。从更长周期看，西湖"十三五"规划重点工作目标——西湖综合保护工程、景区保护管理、绿化养护等都是"十三五"期间西湖年度考核指标的重要内容，考核指标与阶段工作重点具有很强的契合度。

三、围绕景区发展需求，强化考核指标引领

在黄山风景区的考核体系中，既有景区供水、污水处理、森林防火防虫害、古树名木保护、森林保护和林业发展、景区生态环境保护等符合山岳型景区基本特征的基础考核指标，又有如"确保无重大旅游投诉事件""旅游大营销体系""国家公园创建""游客满意度"等具有引领作用的指标。

在西湖风景区的考核体系中，考核指标则充分体现了对遗产管理和保护的引领性。如考核指标中就有"西湖水体年度透明度""西湖世

界文化遗产保护""大运河文化带（杭州段）建设""南宋皇城遗址综保工程""景区管理和景中村改造"等有助于遗产保护的相关内容。

　　综上，不搞"一刀切"，注重考核针对性，充分发挥考核引领作用是黄山风景区和西湖风景区考核体系中表现出的突出特征，这无疑对改革五台山风景区考核体系具有很好的借鉴作用。

第四节　五台山风景区考核体系改革设计

一、总体思路

　　根据前述分析，在充分考虑政府考核工作整体性和连续性的基础上，五台山风景区考核体系改革的基本思路是：以《五台山风景名胜区总体规划》《五台山世界遗产提名地保护管理规划》和省委省政府关于五台山风景区体制机制改革、综合整改整治两个"指导意见"为遵循，以保持五台山文化景观遗产真实性完整性和维持生态屏障功能性为重点，以促进五台山旅游品质提升和区域转型升级为目标，按照近期优化路径和远期重构路径两步走战略，分步推进五台山管委会考核体系改革任务。近期优化路径就是在保持全市考核工作体系连续性的前提下，优先取消与五台山管委会施政目标不相符，甚至相抵触的考核指标。远期重构路径就是要根据五台山的特殊性，从有助于五台山遗产保护、生态功能维持和旅游高质量发展角度出发，重构考核指标体系，切实推动五台山风景区绿色发展、科学发展。

二、基本原则

根据总体思路和政府考核的本质属性，在进行五台山风景区考核体系改革设计时，要遵循以下几个基本原则。

1. 合规性与创新性相结合原则

五台山风景区在国家主体功能区划中属于禁止开发区。对于世界文化景观遗产的开发和保护，既要满足联合国教科文组织关于遗产保护的公约和国家制定的相关遗产保护规范，还要满足国家主体功能规划中关于禁止开发区的相关法律法规，这是五台山考核体系设计的底线和红线。但作为考核指标，还要根据五台山的保护和开发需要，在充分论证和借鉴国内外先进经验的基础上，着眼旅游业发展趋势，创造性地设计相关考核指标，实现合规性和创新性相结合，做到既不违反相关规范要求，又符合行业发展要求。

2. 连续性与动态性相结合原则

政府行政绩效考核是指导基层政府行动的"指挥棒"，是全市乃至全省统一的整体性工作。因此，对五台山风景区考核指标的改革要充分考虑我市考核工作的连续性，优先通过局部微调优化，减轻不合理考核指标对五台山发展的影响，维护全市考核工作的连续性。同时，还要根据五台山地区的发展实际和升级需求，及时动态调整优化考核指标体系，以客观反映五台山管委会的工作实绩，服务区域经济社会发展。

3. 一致性与引领性相结合原则

在五台山风景区的考核体系中，既有忻州市政府对景区的整体考核，也有包括市旅发委、商务局等职能部门的系统单项考核。从指标构成上，总体方向一致，但职能部门的系统单项考核指标通常更细致，带有鲜明的系统职能特色，如旅发委对五台山的考核还包括旅游收入增速、接待游客数量等指标，商务局除"小升规"指标纳入政府统一考核外，还有项目签约、资金到位等单项考核指标。而这些指标从导向上显然与五台山风景区优先遗产和生态保护的方向不一致。因此，一致性就是要求职能部门的单项考核指标要根据五台山遗产保护和生态建设需求，同步修正，确保与改革后的五台山风景区考核指标方向一致。在此基础上，要着眼区域转型升级要求和五台山旅游高质量发展需要，超前谋划，适时增设具有引领作用的考核指标，更好发挥考核的"风向标""指挥棒"作用。

三、改革方案

（一）近期优化方案

忻州市对五台山风景区管委会现行的考核体系是根据晋政发〔2018〕27号文件执行的，共包含14个指标，其中，11个为单独考核指标（注：序号为1–11的指标，见表7.3），有3个为与五台县合并考核指标（注：序号为12–14的指标，见表7.3）。在该体系下，从五台山风景区的实际看，全区注册企业21家，实际正常营业的只有8家，且其营业范围并不涉及外贸，故指标8和指标9与五台山实际不符。从企业规模看，根据对8家企业的摸底，有2家企业截至目前无收入，4家企业预计2018年营业收入在20万元以下，仅有忻州市五台山风景名胜区国新能源天然气有限公司和山西五台山宝鼎供热有限公司营业规模相对较高，比较接近"小升规"的考核门槛。但由于这两家企业分别为供气和供暖的公益性企业，企业的公益属性决定了其与指标10和指标11的考核意图不吻合。

此外，如第二节对考核指标中存在问题的分析，指标1和指标3与五台山作为禁止开发区和自然保护区的地位也不相符，不符合国家的政策导向。

即使是在市政府对五台山风景区新的考核体系中，上述问题也不同程度地存在。如企业"小升规"数量指标、固定资产投资增长速度指标、地区生产总值增长速度指标等。

考虑到"招商引资签约项目当年开工率"指标意在引导地方政府优化营商环境，促进项目落地，而对五台山风景区这类以保护为主、禁止开发的地区并无实际意义。因此，该指标也应取消。

综上，近期优化方案就是要在新考核指标体系中，取消"培育'小升规'企业数量""固定资产投资增长速度""招商引资签约项目当年开工率""地区生产总值增长速度"等4项五台山风景区不相吻合的考核指标，由其余5项指标构成对五台山风景区的考核。

表7.3　五台山风景区管委会考核指标体系对比

现考核指标体系 （晋政发〔2018〕27号）		新考核指标体系 （晋政发〔2018〕42号）	
序号	指标	序号	指标
1	固定资产投资增长速度	1	培育"小升规"企业数量
2	转型项目投资完成额占固定资产投资比重	2	招商引资签约项目当年开工率
3	地区生产总值增长速度	3	固定资产投资增长速度
4	社会消费品零售总额增长速度	4	地区生产总值增长速度
5	农民人均可支配收入增长速度	5	一般公共预算收入增长速度
6	旅游总收入增长速度	6	农村居民人均可支配收入增长速度
7	一般公共预算增长速度	7	城镇居民人均可支配收入增长速度
8	外贸进口总额	8	亿元地区生产总值生产安全事故死亡率

续表

现考核指标体系 （晋政发〔2018〕27 号）		新考核指标体系 （晋政发〔2018〕42 号）	
序号	指标	序号	指标
9	外贸出口总额	9	政府性债务管理
10	民营经济增加值占比提高率		
11	培育"小升规"企业数量		
12	能耗增量控制目标		
13	单位地区生产总值降低率		
14	服务业税收收入占全部税收收入 比重		

注：根据五台山管委会提供资料整理。

（二）考核评价指标体系构想

根据以上分析，现提出五台山风景名胜区管理委员会区域经济转型升级考核评价指标体系构想。

表 7.4　区域经济转型升级考核评价指标体系构想

类别	序号	指标	权重
经济发展	1	旅游总收入	5
	2	接待境外游客量	5
	3	基础设施重点工程建设	7
	4	服务业发展	3
		合计 4 项指标	20
民生福祉	5	推进景区供水、污水处理、建筑市场管理	4
	6	森林防火、文化遗产保护	4
	7	森林保护和林业发展	4
	8	景区生态环境保护	4
		合计 4 项指标	16

续表

类别	序号	指标	权重
环境质量	9	空气质量（包括空气质量优良天数比例和PM2.5年均浓度下降率两方面内容）	5
	10	水体质量（包括集中式饮用水水源水质达标率和地表水考核断面达标率两方面内容）	3
		合计2项指标	8
政府性债务管理	11	金融安全	2
		合计1项指标	2
脱贫攻坚	12	完成相关的脱贫攻坚任务	2
		合计1项指标	2
平安建设	13	景区医疗急救系统建设	4
	14	食品药品安全	4
	15	安全生产（含消防）	4
	16	平安建设（含公安、综治）	4
	17	完善旅游综合执法机制，加大旅游市场专项整治	4
	18	确保无重大旅游投诉事件	4
		合计6项指标	24
工作评价	19	深化改革	3
	20	全面提升五台山旅游IP影响力和竞争力	3
	21	高标准抓好五台山智慧旅游建设	4
	22	工作落实情况	3
	23	政风建设	3
	24	法治政府建设	3
	25	审计工作	1
	26	游客满意度	2
	27	政务公开（包括政府信息公开、互联网＋政务服务、电子政务）	3
	28	应急管理	1

续表

类别	序号	指标	权重
工作评价	29	统计工作	1
	30	档案工作	1
		合计 12 项指标	28
		合计 30 项指标	100

说明：①指标 9、10 和 11 参照《山西省区域经济转型升级考核评价暂行办法》（晋政发〔2018〕42 号）限制开发的重点生态功能县域指标设计；

②其余指标参考《黄山市人民政府目标管理绩效考核办法》（黄政〔2016〕34 号）和西湖风景区 2018 年度绩效考核指标整理。

（三）远期重构方案

近期优化方案维护了全市政府绩效考核的连续性，也避免了不当考核对五台山风景区事业发展的破坏性。但从长远看，五台山作为世界遗产、生态屏障和忻州市的名片，考核指标还应发挥引领性作用，引导五台山实现遗产保护、生态功能维持与旅游高质量发展和谐统一。结合实际，在远期重构方案中，要遵循"法律兜底、市场拉动、共生发展"的思路，即以国家和省有关遗产保护与生态功能区建设等相关法律法规为底线，以提高五台山旅游品质为重点，通过高质量旅游开发反哺五台山遗产保护和生态功能维持，以高水平遗产保护和高标准生态建设促进旅游高质量发展，三者和谐共生，互为依托，共同实现五台山绿色发展、科学发展。

对于远期重构方案的具体考核指标体系，由于五台山属于山岳和遗产复合型旅游景区，国内尚无可参考的考核方案。在缺乏严格论证的背景下，短期难以形成科学的考核方案。但着眼五台山旅游高质量发展及遗产保护和生态功能维持，在未来的考核指标体系中，应突出以下几个方向。

第一，严格遗产保护。重构指标中应突出《保护世界文化和自然遗产公约》《世界文化遗产保护办法》《中华人民共和国文物保护法》等相关公约和法律法规中有关遗产保护的规范，引导五台山管委会严格保护五台山地区的世界文化景观遗产，确保遗产真实完整。

第二，维持生态功能。重构指标要突出考虑五台山属于国家主体功能区划中"禁止开发区"的实际，并按照国家有关森林公园、地质公园等的管理办法，制定针对性考核指标，引导五台山管委会严格保护五台山地区生态环境，维持五台山生态系统的功能。

第三，提升旅游品质。重构指标还要着眼旅游产业升级转型趋势，从旅游配套功能升级、旅游产品提档升级、旅游服务质量升级、旅游体制创新升级等方面加以引导，引领五台山旅游实现高质量发展。

第五节　实施保障

五台山风景区考核体系改革是对原考核工作体系的重大调整，涉及多个职能部门，需要从上到下转变思想，深刻认识考核对区域经济转型升级的重要意义，深刻认识改革对引领五台山转型升级和高质量发展的重要作用。为此，需要各级领导高度重视，以上率下，解放思想，凝聚共识，改革现行考核工作体系和考核制度，协同推动改革工作顺利进行。

政府绩效考核不是简单的对标问题，而是要建立在熟悉基本情况，准确把握考核指标内涵外延，深刻把握考核工作倒逼转型、激发活力意图的基础之上。着眼当前忻州市考核现状，核心是聚集人才，进一步提高指标解读、指标分解和考核实施的科学性，从而科学发挥考核指标的"指挥棒""风向标"作用，促进五台山风景区科学发展。

政府绩效考核是检验考核对象工作实绩、引导考核对象科学施政的有效工具。五台山风景区考核体系只是引导五台山保护与开发工作的工具，从长远看，五台山风景区高质量发展还需要依靠超前的理念、扎实的工作来实现。为此，五台山管委会要进一步解放思想，充分发挥管委会的制度优势，以保护风景区遗产的真实性和完整性、维持风景区生态功能性为基础，以提升风景区旅游品质为重点，创新性地开展工作，为促进风景区实现全面转型升级和高质量发展奠定坚实基础。

本章小结

科学的政府绩效考核对引领五台山风景区高质量发展具有重要的促进作用。基于五台山管委会施政目标特殊性分析，对五台山风景区考核体系中存在的问题进行了梳理，并在借鉴国内知名景区考核经验的基础上，研究提出五台山风景区考核改革方案。

从施政目标看，保持遗产的真实性和完整性，维持五台山京津冀生态屏障的功能性及全面提升五台山旅游品质是五台山管委会的施政重点，三者相互关联，互为依托，是五台山风景区高质量发展的重要基础。但从现行考核体系看，在考核的顶层设计上，并未考虑五台山在主体功能区划中"禁止开发区"的区域属性；考核内容上，五台山作为世界文化景观遗产、国家级风景区和国家地质公园，持续考核"固定资产投资增长速度""招商引资签约项目当年开工率"等指标容易诱发盲目开发和短期行为，考核导向与《保护世界文化和自然遗产公约》《风景名胜区条例》等法规精神不符。考核指标上，现行体系中还存在"小升规"企业数、地区生产总值增速等与五台山风景区发展实际不符的指标，违背了《关于改进地方党政领导班子和领导干部政绩考核工作的通知》（中共中央组织部，2013）的精神，难以发挥政府行政绩效考核对基层工作的推动引领作用。

通过对比分析黄山风景区和西湖风景区的考核实践发现，"根据风景区发展实际，独立设置考核指标"，"结合风景区年度工作重点，动态调整考核内容"，"围绕风景区发展需求，强化考核引领"等是两个风景区考核工作的共同特点。

综上，在充分考虑政府考核工作整体性和连续性前提下，提出近期优化路径和远期重构路径改革方案。近期优化路径就是在保持全市考核工作体系整体性和连续性前提下，先取消与五台山管委会施政目标不相符，甚至相抵触的考核指标，主要包括"培育'小升规'企业数量""固定资产投资增长速度""招商引资签约项目当年开工率""地区生产总值增长速度"四项指标。远期重构路径就是要根据五台山发展需要，从有助于五台山遗产保护、生态功能维持和旅游高质量发展角度出发，重构考核指标体系。由于五台山属于山岳和遗产复合型旅游景区，国内尚无可参考的考核方案，在缺乏严格论证的背景下，短期难以形成科学的考核指标体系，但应在未来的考核指标体系中，着重体现遗产保护、生态建设和提升旅游品质等三个主要方向。

参考文献

[1] 韩如意，赵鹏宇，等. 滹沱河山区气候和生态环境演变研究进展 [J]. 忻州师范学院学报，2014，30（5）：62-68.

[2] 牛莉芹，程占红. 五台山风景名胜区旅游开发影响下景观特征的变化 [J]. 西北林学院学报，2012，27（5）：272-276.

［3］连俊强，吕秀枝，等．基础设施建设对五台山风景名胜区的生态影响评价［J］．能源与节能，2018，159（12）：90－92.

［4］黄山市人民政府目标管理绩效考核办法（黄政〔2016〕34号）［EB/OL］．黄山政务网，2016－07－21.

［5］牛莉芹．人类干扰对五台山森林群落结构的影响［J］．应用与环境生物学报，2019，25（02）：300－312.

［6］山西省人民政府关于印发山西省区域经济转型升级考核评价暂行办法的通知（晋政发〔2018〕42号）［EB/OL］．http：//www. shanxi. gov. cn/sxszfxxgk/sxsrmzfzcbm/sxszfbgt/flfg ＿ 7203/szfgfxwj ＿ 7205/201811/t20181112＿ 486339. shtml，2018－11－12.

［7］忻州市人民政府关于修订印发忻州市区域经济转型升级考核评价暂行办法的通知（忻政发〔2019〕13号）［EB/OL］．http：// bdx. sxxz. gov. cn/bdxzw/zwgk/wj/szfwj ＿ 6332/201908/t20190801 ＿ 3437857. html，2019－07－31.